中职学生语文素养培养的研究

王守成 郑齐鹏 梁章生◎著

吉林出版集团股份有限公司
全国百佳图书出版单位

图书在版编目（CIP）数据

中职学生语文素养培养的研究 / 王守成, 郑齐鹏,
梁章生著. –– 长春 : 吉林出版集团股份有限公司,
2023.8
ISBN 978–7–5731–4054–8

Ⅰ.①中… Ⅱ.①王… ②郑… ③梁… Ⅲ.①语文课
—教学研究—中等专业学校 Ⅳ.①G633.302

中国国家版本馆CIP数据核字(2023)第171907号

中职学生语文素养培养的研究

ZHONGZHI XUESHENG YUWEN SUYANG PEIYANG DE YANJIU

著　　者　王守成　郑齐鹏　梁章生
责任编辑　蔡宏浩
开　　本　787 mm × 1092 mm　1/16
印　　张　9
字　　数　250千字
版　　次　2023年8月第1版
印　　次　2023年8月第1次印刷

出　　版　吉林出版集团股份有限公司
发　　行　吉林音像出版社有限责任公司
　　　　　（吉林省长春市南关区福祉大路5788号）

电　　话　0431-81629679
印　　刷　吉林省信诚印刷有限公司

ISBN 978-7-5731-4054-8　　定　价　50.00元

如发现印装质量问题，影响阅读，请与出版社联系调换。

前　言

　　中职语文教学，要明确教育目的和任务。根据目前中职生的认知水平及能力，中职语文教学担负着培养中职生一般语文能力和从业实用语文能力的双重任务。中职生学习语文是为了运用到生活中，用到职场上，能更好地工作、生活。所以，在语文教学中，尤其要加强听说、应用文写作等基本功的训练，这才是实现中职语文学习目标与职业目标的有效方法。

　　教育在时代的影响下，对如何教育学生、培养学生有了新的思考，教师也学习了新的教学理念，形成了新的教学策略。在这样的背景下开展学生核心素养培养，能够改善学生的学习现状，使学生适应时代的发展，为学生创造一个美好的明天。

　　为了能充分实现中职教育各专业的人才培养目标，以一定范围和深度的知识、技能、素养体系，满足教师指导学生学习的需要，编写了这本著作。其特点如下：一是紧贴中职学生的就业准备，突出语文教学的实用性，在听、说、读、写等方面提高学生的能力素质；二是着眼于中职学生的实际能力，以示例分析为主、理论讲解为辅的原则，提高教学的直观化；三是实施新的编排体例，以讲座的形式安排训练内容，把实践放在首位，全面提升学生的素质内涵；四是适应中职众多专业语文教学的实际需要，既可供教师因材施教，又可供学生课外阅读。

　　基于此，本书围绕语文素养培养，基于素养的教学方法、阅读教学问题情境设计策略、说明文教学策略、实用类文本阅读教学策略、现当代诗歌教学策略、古诗词解读能力培养策略、写作教学策略、课外阅读策略、中职语文教学优化策略，展开素养培养在语文教学中的培养策略探究，旨在为广大语文教师的素养培养教学提供一些可行性建议，为教师教学效率的提高提供有效参考。

目　录

第一章 语文核心素养内涵与教学方法

第一节 语文核心素养的内涵

一、概念界定

（一）核心素养

教育界对于"核心素养"的阐述不尽相同，大家所熟知并认可的便是核心素养研究课题组进行的阐释："中国学生发展核心素养，以'全面发展的人'为核心，分为文化基础、自主发展、社会参与三个方面，综合表现为人文底蕴、科学精神、学会学习、健康生活、责任担当、实践创新六大素养。"核心素养不是一个种概念，而是一个类概念，其实质是从学生学习结果的角度界定未来社会所需要的人才形象。

（二）语文学科核心素养

所谓学科核心素养，即适应信息文明要求和未来社会挑战，运用学科核心观念，通过学科实践，以解决复杂问题的学科高级能力与人性能力。该能力以学科理解或思维为核心，受内部动机所驱使，贯穿人的一生而发展。

学生通过某学科的学习逐步形成的关键能力、必备品格与价值观念，这些都可称为学科核心素养。学科知识与学科活动是学科核心素养形成的两翼，学科知识是学科核心素养形成的主要载体，学科活动是学科核心素养形成的主要路径。核心素养中抽离出学科核心素养，学科核心素养补充核心素养。

语文核心素养应该有以下四个方面的内容："一是必要的语文知识，包括语言文字、文学审美、人文素养等知识；二是具有较强的识字写字、阅读与表达（包括口语与书面语）能力；三是语文学习的正确方法和良好习惯；四是独立思考能力与丰富的想象力。"根据以上各位学者对于学科核心素养的定义，把学科核心素养定义为"通过具体学科知识的学习能够使学生在此方面的能力和品质得到具体发展，在增加学科知识的基础上提高学科能力和学科品质"。

语文核心素养分为语言建构与运用、思维发展与提升、审美鉴赏与创造以及文化传承和理解。语文课程应激发和培育学生热爱语文的思想感情，引导学生丰富语言积累，培养语感，发展思维，初步掌握学习语文的基本方法，养成良好的学习习惯。对语文核心素养的解读，将语文核心素养的内涵界定分为四个维度，分别是听说与读写能力、思维发展与提升、感受与鉴赏美、了解与传承文化。

1. 听说与读写能力

语言建构与运用是指学生在丰富的语言实践中，通过主动的积累、梳理和整合，逐步掌握祖国语言文字特点及其运用规律，形成个体言语经验，发展在具体语言情境中正确有效地运用祖国语言文字进行交流沟通的能力。这一维度具体体现为学生口头语言的听、说能力和书面语言的读、写能力。综合听、说、读、写这四种能力，并融入语文教学中，这样学生的语文核心素养才能适时地得到培养和提高，从而在学生的语文学习和终身发展中起到基础性的作用。

2. 思维发展与提升

思维发展与提升是指学生在语文学习过程中，通过语言运用，获得直觉思维、形象思维、逻辑思维、辩证思维和创造思维的发展，以及深刻性、敏捷性、灵活性、批判性和独创性等思维品质的提升。思维发展与提升这一素养具体体现为学生在语文学习的过程中，能够有所疑问和思考，逐渐掌握语文学习的方法，养成良好的学习习惯，从而促进学生的创造性和逻辑性等思维的发展。

3. 感受与鉴赏美

审美鉴赏与创造是指学生在语文学习中，通过审美体验、评价等活动形成正确的审美意识、健康向上的审美情趣与鉴赏品位，并在此过程中逐步掌握发现美、创造美的方法。在学生的全面发展中，美育起着至关重要的作用，语文教师应该注重培养学生感受美与鉴赏美的能力。通过教材文本、文学作品、课外阅读等途径，让学生感受不同时代背景下的人物形象，培养其审美情趣。

4.了解与传承文化

文化传承与理解是指学生在语文学习中，继承和弘扬中华优秀传统文化、革命文化、社会主义先进文化，理解和借鉴不同民族和地区的文化，开阔文化视野，增强文化自觉，热爱祖国语言文字，热爱中华文化。文化传承与理解这一维度在语文中具体体现为学生能够在语文知识的学习中增强对祖国文化的认同感，了解与传承文化，学会用批判的眼光看待外来文化。只有使学生感受到中华文化的博大精深，其才有意愿和能力继承与发扬中华优秀传统文化，从而建立起文化自信和民族文化认同感。

二、理论基础

（一）建构主义学习理论

建构主义学习理论是认知心理学派一个重要的分支，是从行为主义发展到认知主义之后的又一次跨越式发展。在具体的认知过程中，建构主义强调学习者对于知识的理解是在自身已有的经验背景之下产生的，在新概念和旧概念之间建立关联，并将新知识固化在自己原有的认知结构中。总的来看，建构主义学习过程就是通过知识的顺应和同化来扩充自身的知识体系，拓展认知结构中知识的深度和广度。建构主义认为，知识的获得是学习者在一定的情境，借助学习过程中教师和学生的帮助，利用必要的学习资料，通过意义的建构获得的。情境、协作、交流、意义建构是其重要的因素，前三个因素强调学习的过程和条件，而意义建构是最终的目标。建构在于学习者有效地建立新旧知识之间的联系，从而形成特定的认知结构。

建构主义学习理论是在行为主义和认知主义的基础上发展起来的，它对学习的本质以及内在的机构进行了更为科学的揭示。建构主义主张人的学习是主体不断在已有认知的基础上建构自己经验的过程，对自己的知识结构反复重构、更新，从而使学习者在修正中让自己的认识趋于接近世界的真实。其具体内容体现在以下两个方面。

第一，建构主义学习观认为，学生在学习时并不是一无所知的。他们从婴幼儿时期就开始对外界进行探索，在成长过程中，他们对每一件大大小小的事物都有自己独特的看法。在学习活动中，学生也是伴随着各自的学习方法、思维方式、情绪体验进行学习的。教师在备课时不能认为每一次学习都从一张白纸开始，要适时地了解和倾听学生的意见和想法，在这个基础上进行活动设计才具有意义。另一方面，学生是处于发展中的人，教师要正确引导学生对学习内容的误解和错解，让学生形成有意义的知识建构，但不能一味地强调学生的主体作用而忽略了学习目标这个主心骨。

第二，建构主义学习理论强调的是学生对知识进行意义建构，这里反映出两条信息，首先是基于学生的主动性，其次是学生对知识的理解由于个体自身经验的不同而得出不同的意义。所谓的意义不是学生将知识简单地叠加，而是通过已有经验对知识进行理解、加工、评判，最终内化为自己的经验。

（二）情境认知理论

情境认知理论是在行为主义"刺激—反应"学习理论之后和建构主义理论同时期出现的一个重要的研究取向。深度学习的学习目标之一就是可以进行知识迁移，以解决真实生活情境中的复杂问题，促进学习者高阶思维的发展。情境认知理论认为，知识的获得并不是简单的个体内部心理表征，而是将语言、符号等知识还原到知识产生的自然情景中，这样知识的学习与构建才能自然而然地发生。学习者通过和特定的社会情境或者物理环境的相互作用，从而进行知识的有意义学习，并可以完成知识的迁移和再运用，这为促进学习者进行深度学习提供了重要的理论依据。

（三）转变式玩耍理论

转变式玩耍理论来源于概念性玩耍空间理论和学习投入理论。转变式玩耍理论是游戏《探索亚特兰蒂斯》的研究团队在游戏设计和开发过程中提炼出来的。转变式玩耍理论强调的设计思想主要包括以下三个方面：第一，要将游戏的情境和学科知识有效地联系起来，目的是让学习者运用学科知识在游戏情境中推动游戏进程的发展；第二，在游戏的设计过程中，应该赋予角色改变游戏发展轨迹的能力，让学习者通过运用自身的知识有意识地选择游戏故事情节的发展方向；第三，在游戏的设计过程中，要给学习者设计一定的困境，让学习者只有在对学科知识有较为清晰的认识的基础上困境才能得以解决。

（四）认知学习理论

认知学习理论认为，学习不是在外部环境的支配下被动地形成"刺激—反应"联结，而是主动地在头脑内部构造认知结构；学习不是通过练习与强化形成的反应习惯，而是通过顿悟与理解获得期待；有机体当前的学习依赖于他原有的认知结构和当前的刺激情境，学习受主体的预期所引导，而不受习惯支配。著名的认知教育心理学家布鲁纳主张，学习的目的在于以发现学习的方式，使学科的基本结构转变为学生头脑中的认知结构。他认为，认知结构就是人关于现实世界的内在的编码系统，是一系列相互关联的、非具体性的类目。他认为，学习的实质是主动地形成认知结构，认为认知结构可以给经验中的规律性以意义和组织。这就要求教师在教学中应着重培养学生解决问题的能力，以保障学生不断地思考，对各种信息和概念进行加工、转换，对新、旧知识进行综合和概括，形成新的假设和结论，不断发现和完善他人的认知结构。布鲁纳认为，学习一门学科的最终目的是使学生建构良好的认知结构。因此，教师首先应了解学生所要建构的认知结构的组成要素，并在此基础上采取有效的措施帮助并引导学生建立各组成要素的图解，使得学科的知识真正转化为学生的认知结构。由于布鲁纳强调学习的主动性和认知结构的重要性，所以他主张教学的最终目标是促进学生对学科结构的一般理解。这里所指的学科结构包括学科基本概念、基本原理、基本态度与方法。学生只有学会用联系的观点看待知识，才能真正地理解它、把握它。

（五）最近发展区理论

教育家维果茨基认为，学生的发展有两种水平：一是学生的现有水平，指独立活动时所能达到的解决问题的水平；二是学生可能的发展水平，也就是通过教学所获得的潜力，两者之间的差异就是最近发展区。维果茨基的研究表明，教育对学生的发展能起到主导和促进作用。奥苏伯尔说："要了解学生的认知结构，教师首先要了解学生已经掌握了什么，要对学生的知识'有底'，如此才能在这个基础上，让学生走向最近发展区。"最近发展区理论和启发式教学法有很大的相似性，它不仅是一种教学方法，更是一种教学思想、教学观。我国古代大教育家孔子论述的"不愤不启，不悱不发，举一隅不以三隅反，则不复也"，就体现出了启发式教学法。

（六）自我效能感理论

美国心理学家阿尔伯特·班杜拉最早提出了自我效能感理论。20 世纪 80 年代，自我效能感理论得到了进一步的发展，也得到了大量实证研究的支持。班杜拉指出："人的行为受结果因素与先行因素的影响。"结果因素即强化，他认为在学习中即使没有强化也能获得有关的信息，形成新的行为模式。而强化同样起着重要的作用，它能够激发和维持行为的动机，以控制和调节人的行为。这种作用通过人的认知形成期待，成为决定行为的先行因素。班杜拉将期待分为结果期待和效能期待。结果期待是指人对自己的某一行为产生结果的推测。如果人预测到某一行为将会导致期待的结果，那么这一行为就可能被激活。例如，学生感到上课认真听讲就会取得好成绩，那么他就会选择认真听讲。效能期待是指人对自己进行某一行为实施能力的推测或判断，它意味着实施的主体是否确信自己能够成功地进行某一行为并产生相应的结果。当确信自己有实力进行某一活动时，行为主体就会产生高度的自我效能感，并展开那一活动。例如，学生不仅知道认真听讲可以带来理想的成绩，而且还感到自己有能力听懂教学内容时，才会认真听讲。自我效能感决定着行为主体是否选择进行一定的活动以及对该项活动的持续时间，影响人们面对困难的态度以及进行活动时的情绪。自我效能感高的人敢于接受挑战，勇于战胜困难，并保持高度的自信，自我效能感低的人则相反。

（七）人本主义思想

人本主义心理学是 20 世纪 50 到 60 年代马斯洛在美国掀起的一股新的理论思潮。随后，由罗杰斯将其发扬光大。人本主义强调的是改变传统的以教师为中心，主张教育应该以学生为中心。传统的课堂教学主体在教师那里，教师控制着整个环节，学生是接受知识的"容器"，所有的学习内容、教学方法、教学过程以及教学评价都由教师一个人来决定和选择，学生在这个过程中处于被动地位。完全由教师一个人唱独角戏的教学模式，在很大程度上制约了学生的学习积极性，甚至在某种程度上还打击了学生的学习兴趣。然而，人本主义心理学要求教师与学生换位思考问题，教师设计教案、课堂提问、知识传播等都要从学生的角度出发，依据学生的兴趣对教学内容做出取舍。人本主义更尊重学生的个性发展，以学生的亲身体验为最终目的，让学生体验整个教学过程给他们带来的欢乐。

（八）全面发展理论

人的发展问题也是综合素养的提升问题，很早就受到诸多思想哲人与教育家的关注，但真正把人的全面发展作为一个科学概念提出来并赋予其科学内涵的第一权威人是马克思和恩格斯。马克思的理解是人以一种全面的方式，也就是说，作为一个完完整整的人，占有自己的全面的本质。从人的全面发展层面上来讲，人的全面发展是人的需要和素养的全方位发展。需要包括物质需要和精神需要。只有人的能力的全面发展才能保证人的需要得到最大化的满足。人的能力的全面发展既包括人需要发展自身的体力要素、智力要素，同时也包括全面发展的潜在力和现实力，并将其在实践活动中展现。从人的全面发展内容上来讲，全面发展的内容影响着素质与个性的发展与转变。人的综合素质体现在生理表象、心理层面、思想道德、科学文化等多种选项上，人的个性的发展表现为主体具有创造性、能动性、独特性、自主性等内容。

（九）需要层次理论

需要层次理论指出，人的一切行为都是由需要引起的，人的需要有不同的层次。马斯洛的需要层次理论最低层次的需要是生理需要，最高层次的需要是自我实现的需要，构成一个需要的金字塔。马斯洛的需要层次从低到高排列依次是生理需要、安全需要、归属与爱的需要、尊重的需要、自我实现的需要。这样的理论在自主探究学习中同样受用，我们要对学生进行自主探究学习教育，就需要考虑到学生在情感上对这种教育的需求，从最基本的情感上来满足，通过语言文字，营造意境，达到学生最高的需要层次，即自我实现的需要。

（十）多元智能理论

美国哈佛大学心理学教授霍德华·加德纳于 20 世纪 80 年代提出了多元智能理论。他指出，每个人都有八种智能。学生的不同的潜能和智能的差异，原因在于各种智能组合的不同。只有在一定的环境下这些智能才能得到充分的发挥。加德纳认为，每个人都有各自的强项和弱项智能，智能没有高低之分，八种智能都有各自独特认知发展的过程。传统的教学方式主要以学生被动地接受知识为主，忽视了学生认知发展程度存在的差异性，因此学生的多元智能难以得到发展。通过多元智能理论我们可以得知，学生在兴趣爱好、认知方式以及学习策略上均存在差异性。因此，教师在教学过程中要选取多元化的教学内容及教学方式，根据学生的发展特点制订教学目标和教学计划，要注重因材施教。

三、语文核心素养的内涵

（一）语文核心素养的含义

1. 语文素养

最早提出"语文素养"一词的是叶圣陶先生。他认为："研究文艺和创作文艺，要干到家，都得靠充实的生活，广博的经验，以及超越一般水准的语文素养。"此后，《中等职业学校语文课程标准》首次以国家课程指导性文件提出"语文素养"一词，培养和提高学生的语文素养是语文课程的重要目标。《中等职业学校语文课程标准》进一步指出，要全面提升学生的语文素养，语文课程应该激发和培育学生热爱语文的思想感情，积累丰富的语言，提升语感，发展语用思维，初步掌握学习语文的基本方法，养成良好的学习习惯，具有适应实际生活需要的识字写字能力、阅读能力、写作能力、口语交际能力，正确运用祖国语言文字的能力。

语文素养由字词句篇的积累、语文学习方法与习惯、语感、思维品质、识字写字能力、阅读能力、写作、口语交际能力，以及文化品位、审美情趣、知识视野、情感态度和思想观念等构成。语文素养是指学生在语文学习中表现出的稳定的、基本的、适应社会发展要求的学识、能力、记忆、情感、态度、价值观。语文素养是一个多种因素组成的动态系统，语文素养的养成需要各种要素相互作用的过程，包括显性言语行为、智能因素、直接心理因素和背景因素。学者们对语文素养的认识不断更新和发展，不论如何定义语文素养，都要基于语文学科的课程性质，在明确定义"语文是什么"的基础上界定语文素养。综合学者们的观点，学生在长期的语文学习过程中逐渐形成的稳定的语言文字运用能力、适应社会发展要求的语文学识、观看世界的语文情感态度与价值观就是语文素养，而提升学生的语文素养当以学生理解和运用祖国语言文字为根本。

2.语文核心素养

《中国学生发展核心素养》框架的三面六项十八条目作为教育理念的顶层设计是落实"立德树人"的总目标，各个学科、不同学习阶段要明确具体人才培养要求，落实教学实践，促进学生的核心素养发展。核心素养承担着进一步系统化、具体化，以融合各学科、贯穿各学段，转化为教学实践可用的、教学工作者可操作的具体教育目标这一任务。因此，作为基础教育阶段重要学科之一的语文学科要承载培育学生核心素养发展的任务目标，语文核心素养内容既要承接核心素养指标，又要体现语文学科特色和价值，是指向语文素养的核心要素和关键内容。

《中等职业学校语文课程标准》指出，语文核心素养是学生在积极的语言实践活动中积累与建构的，并在真实的语言情境中表现出来的语言能力及语用品质。包含语言建构与运用、思维发展与提升、文化传承与理解、审美鉴赏与创造四方面内容。语文核心素养的四要素有别于"字、词、句、篇、语、修、逻、文"八分法和"听、说、读、写、思"语文能力五分法，实现了由割裂到整体的转变，由知识与技能向能力与品格的方向转变。语文核心素养当与语文素养一样，以语文学科特点为本，以语言建构与运用为基础，融合思维、审美、文化等素养提升，指向学生在解决现实生活中，正确运用语言文字解决问题是所需的语文学科关键能力和必备品格。教师要基于学生的认知发展水平，着眼于语文教学的特性，着眼于新课标要求，在语文教学活动中通过语文实践将语文知识转化为关键的语文能力、必备的语文品格，让学生热爱语言文字，发现生活之美，传承祖国灿烂文化，提升自身修养，符合"立德树人"的教育理念要求。

（二）语文核心素养的构成要素

1.语言建构与运用

语言文字运用的综合性与实践性这一特征阐述了语文课程的特征。语文课程带领学生通过自主实践活动在真实的语用情境中积累语用经验，掌握语言文字运用的特点和规律，加深学生对语文的理解与热爱，培养学生语言文字的运用能力。新课标强调了语言在语文学习中的重要性以及语言建构与运用对其他素养发展的意义。因此，语文教学必须把正确、熟练、有效地运用语言文字放在根本位置。

语言是语文课程最基本的元素，它不仅是文化意识的载体，也是情感、品质的投射，把语言与它所表达的意义分开来是不行的。学生对语言文字的品析，开始于识别、辨认、理解，再到探究，结束于形成感受、主旨思想的语文思维。学生通过学习实践与生活实践，掌握语言文字的特点及其运用规律，形成个体的言语经验和恰当运用语言文字的能力，就是语言建构与运用素养。语言建构与运用是语文核心素养四项内容中最主要、最基础的素养，是语文课程所独有的。

2. 思维发展与提升

学生的思维发展与提升是指在学习与理解语言文化时，获得感觉思维、形象思维、逻辑思维、辩证思维、创造思维的能力，提升批判性、独特性、创造性的思维品质。思维发展与提升，不同于思维能力的提升，思维发展与提升落到学生身上强调的是一种思维方式，尽管思维方式和思维文化超越国界，然而思维方式与民族文化相关，思维方式的差异最终归结于语言和文化的差异。思维发展和提升的路径是统一的，都是由感性认识上升到理性认识，从形象思维到抽象思维，然而由于语言所包含的认识客观世界的特殊形式，学习语言其实也就是学习思维方式。

人们认识事物都是先用感官认识世界后，进行思维加工，形成概念，最后用词语进行表达。语言文字与思维之间是不可分割的关系。其主要体现在以下两个方面：一方面，作为外现的语言学习是思维表达的工具和物质外壳；另一方面，思维是蕴藏在语言表达形式当中的内部言语，是语言表达的精神实质，又是语言表达的支撑。

3. 审美鉴赏与创造

审美鉴赏与创造是一种正确的欣赏美、评价美的意识，学生学会在鉴赏与评价中创造美、表现美的方法，将这种方法运用到日常生活中，使语文学习在审美观上达到主观与客观的统一，形成结合感性与理性去判断、领悟、探求和评价事物的能力。语文学习中的审美不同于音乐与美术的审美，语文中的审美鉴赏与创造强调以语言建构与运用为基础。学生要将自己在语文课堂中习得的审美能力运用到审美鉴赏的实践中，结合语言学习实践形成欣赏美、鉴赏美的能力及品质。

"目遇之而成色，耳得之而为声"，学生用感觉器官感受美的能力，是一种后天习得的技能，而这种技能一旦从日常语文学习迁移至日常生活，审美鉴赏与创造能力就会达到创造目的。

另外，适当的审美距离是欣赏美和鉴赏美的重要条件。学生不能把握自己与欣赏文本之间适当的距离，就不能对语文阅读文本中的美仔细感知，更不能形成审美品格。审美感知能力是学生获得审美鉴赏与创造的先决条件，教材的选文当中，都以文质兼美的文学经典为主，这些经典当中涵盖了美的语言、美的形象、美的意境以及美的声音和美的颜色，文本中蕴藏着丰富多彩的美，需要学生调动感觉器官去感知、欣赏，进而去创造。

4. 文化传承与理解

文化涵盖的意义宽泛，这里所指文化不仅指中国的传统文化，还有外来优秀文化。语文课程中的文化传承与理解，不仅指教师传授文化知识给学生，而且要教会学生领略文化内涵、汲取文化价值、传承文化精神的品质。教师要带领学生在夯实语言知识的基础上，从鉴赏和审视的角度领略不同文化的内涵与价值，理解不同国家和地区的优秀文化。语文学习过程是文化获得过程，学生要具备文化批判意识和文化选择的能力，能在古今中外的文学作品中领略文化的深度和广度，分析中外文学作品所反映的文化差异、文化现象，主动参与文化问题的讨论和相关的社会实践，促使学生在文化知识获得过程中逐渐形成文化思维与意识、传承和理解文化的品质。

语文核心素养四部分是相互依存、密不可分的统一体。语言建构与运用不仅是其他三项存在的重要基础，更是其发展和增长的基础。所以，提升学生语文核心素养要以语言建构与运用为基础，促进思维、审美以及文化素养的协同发展。

（三）语文核心素养的特征

1. 基础性与实践性

语文核心素养的基础性体现在学生思维发展与提升、文化传承与理解、审美鉴赏与创造等素养的提升均以语言建构与运用为本。语言是学生学习语文的"地基"，语言积累不扎实，语言思维运转就难，审美鉴赏与创造、文化传承与理解就不能得以提升。从语言在学生语文学习中的地位来看，学生的语言理解能力和运用总被置于重要的位置，不管是阅读、口语交际，还是作文，都会讲究辞藻运用的恰当性。进一步讲，学生语言运用能力与理解能力提升，对学生学习其他学科、处理日常生活问题都有帮助，这种能力的转换、迁移就是学生语言建构与运用的基础素养。因此，语文核心素养的第一个重要特性就是基础性。

实践性是指要实现语文核心素养的目标，必须要通过语文教学活动的聆听、感受、练习等一系列语文实践训练，不断培养学生运用语言文字的能力。语文知识是语文实践的基础，学生通过参加语文实践活动，提升自己的语言文字运用能力、创造性思维能力、审美鉴赏力，在语言学习与运用的过程中丰富自己的文化涵养，继承传统文化，传播先进文化，学习优秀的外来文化，增强民族文化自信和对多元文化的理解能力。

2. 动态性与综合性

终身学习的理念强调学文化知识，学做人处事，贯穿于个体的一生。素养与品质是一种抽象的概念，它需要一个长期的内化过程。语文核心素养对学生语言、思维、鉴赏与文化四个方面的期许，需要学生在长期的语文学习过程中形成，且随着年龄的变化和语文知识积累不断丰富和改变，这是一个动态生成过程。在学生学习的每一个学段，语文核心素养侧重点不同且又相辅相成，这一阶段的学习会成为下一阶段语文学习目标的基础。因此，语文核心素养在学生生活和学习过程中呈现出动态发展的特征，学生语文核心素养的形成过程是语文知识的动态流动过程，学生的语文能力、语文品质以及语文思维习惯在动态流动过程中不断丰富和发展。

语文核心素养要求语文学科加强与其他学科领域、文化媒介的联系，基于以上多种联系，呈现出综合性特征。一方面，基于语文核心素养的教学和学习对教师和学生较以往提出更高的要求，教师在教学中要融入更加丰富的资源，拓展语文学习的内涵和外延，学生在语文学习活动中要查找多学科的资料，融合多领域的知识，慢慢形成稳定的综合性的学习品质。另一方面，学生的语言、思维、审美、文化是统一于语文教学活动中的综合素养，是不能单独存在于语文教学设计目标之外的综合体。

3. 人文性与时代性

语文核心素养的人文性是指它与生俱来的文化烙印。文化传承与理解，不仅包括继承和发扬中华优秀传统文化，还要求在理解祖国语言文字的基础上，与时俱进，不断地吸收外来文化。语言是文化的载体，语文核心素养要求学生在语文学习中不能故步自封，要与时俱进，突出社会主义先进文化，包容外来文化，增强文化自信。

语文学习在文化继承中更要体现出时代性特征。一方面，语文核心素养是学生在原有语文知识经验基础上生成的持久的语文思维能力和语文品质。另一方面，语文核心素养与社会发展和时代进步结合，体现了学生终身发展和社会发展的要求，呈现培养未来新人的素养指标，语言建构与运用、思维发展与提升、文化传承与理解、审美鉴赏与创造统一于语文学习之内指向学生未来发展的外在必备品格和关键能力。

第二节　核心素养的培育对教学方法的要求

语文教育是基础教育的重要组成部分，它肩负着传承中华文化的重要使命。学生接受的语文教育关乎他们对知识的掌握、能力的培养和品性的养成。语文教师只有充分解读语文核心素养的内涵，对教学方法的运用进行深入了解，才能在此基础上重视教学方法的选用，通过教学方法的运用促进语文核心素养的培育。

一、语文教学方法对核心素养培育的价值

（一）语文教学方法是培育核心素养的途径

"核心素养"这一教育理念的提出，标志着教育未来发展的新方向。教师

需要在教学中充分考虑学生的主体地位，引导学生自主学习，促进其全面发展。这些育人目标究竟该如何贯彻落实在学生身上，毫无疑问，必须借助教学方法的使用来将其真正落实。因此，语文教学方法是落实学生核心素养培育的重要途径，学生核心素养的培育以语文教学方法为载体。

核心素养的内容非常广泛，将其在语文学科中的具体体现分为四个部分：听说与读写能力、思维发展与提升、感受美与鉴赏美、了解与传承文化。通过语文教学方法的运用，力求学生在学习语文知识的同时获得听说与读写能力、促进学生思维的发展、培养学生辨别美的能力、强化学生文化传承的责任。核心素养的培育需要通过语文教学方法得到落实，间接说明了语文教师需要优化传统的教学方法，以适应学生核心素养的培育。根据核心素养在语文教学中的具体体现，教学方法的选择应该侧重于学生的实际需要，而不是只注重知识的需要，切实考虑通过教学方法的实施能够培养出学生的哪些能力和态度，而不是一味地灌输学科知识。除此之外，需要注意的是，不是教师用固定的教学方法培育学生的核心素养，而是和学生一起挖掘适合培育核心素养的教学方法，让学生在此过程中感受语文学习的乐趣，培养他们对语文的热爱。总之，在"核心素养"这一教育理念的指导下，如何把其和学科知识相结合，如何将其具体到学生身上，这些问题都离不开教学方法的使用，教学方法是实现其的重要手段，即核心素养的培育需要通过语文教学方法得到落实。

（二）语文教学方法变革推动核心素养的培育

语文教学方法的设计以学生核心素养的培育为出发点和落脚点，在此实施过程中又悄然推动核心素养的内涵更加具体生动。语文文本蕴含了丰富的资源，只有通过适当的教学方法对其进行深层挖掘，才能在培养学生知识和能力的同时培养其健全的人格。设计教学方法时，教师首先应明白核心素养在语文中的具体体现，接着进一步探索如何通过教学方法落实学生语文核心素养的培育，最后将二者有机融合落到实处，促进学生全面发展。

在语文教学中运用教学方法时，首先，要注重学生对于生字的掌握和运用。只有掌握一定量的生字，学生才有能力学习文本，丰富自己的知识，提高听、说、读、写能力。其次，运用教学方法时，需要注重发展学生的思维能力。因为语文教材的选编都是经过专家种种考虑的，极具逻辑性和代表性，学习语文文本有利于培养学生的思维。再次，当今时代的教育不仅仅侧重知识的传授，更注重对学生进行美的教育，教学方法实施的重要目的之一在于教会学生学会生活、感受生活，促进学生情感的升华。最后，中华文化之所以能够拥有五千年的历史，皆离不开世世代代中华儿女的传承。语文教材选编了大量与中华文化息息相关的文本，以教学方法的运用为载体，培养学生自觉传承文化的责任感和使命感。总之，通过语文教学方法的运用能够进一步推动语文核心素养的培育，在教学方法的改进和实施中促进核心素养的落实。

二、语文核心素养的培育对教学方法的要求

（一）听说与读写能力维度对教学方法的要求

语言文字承载着人与人之间的交流和信息的传播。听说与读写能力是语文核心素养中最基础的维度，是其他素养发展的前提条件。语言文字有自身的特点和规律，学生通过反复的学习和领悟，达到正确运用语言文字的目标，形成自己的表达技巧和独特的语言风格，在实际生活中用准确的语言表达出自己的想法。《中等职业学校语文课程标准》中指出，识字写字的教学目标为学生能够喜欢汉字，有主动学习、运用汉字的愿望。对此，语文教师应该对自身教学方法的采用有所思考，教学方法的采用需要注重学生对汉字的情感态度，而不是传统意义中达到听、说、读、写的目的。教师应该有针对性地发展学生的语言学习能力和表达能力，学生在教师的引领下有意识地发展自己的聆听、表达、阅读及写作能力。比如，谈话法的运用，谈话法是指教师预先设定好谈话的中心主题及谈话层次，循序渐进、有目的地与学生进行交流，通过教师语言表达的严谨性启发学生表达的连贯性。

（二）思维发展与提升维度对教学方法的要求

思维的发展和提升在学生知识转化为能力的过程中起着举足轻重的作用，指导学生把知识应用于生活实践，用能力解决生活中的实际问题。学生从语文文本学习中接触到语言文字并学习其运用规律，通过与文本对话，与自身对话，获得思维的发展，以解决实际问题。同时，学生想象丰富，思维活跃，教师应

抓住学生的年龄特点，因势利导，通过探究、启发等教学方法，利用学生思维发展的关键期，促进其想象思维、创造性思维的发展，引导其主动参与学习、探究学习、发现学习，以此提高自己的思维品质。由此观之，为了发展学生的思维，必须不断创新教学方法，给予学生创造自主学习的空间。

（三）感受美与鉴赏美维度对教学方法的要求

语文核心素养要求学生在语文学习中通过对文本的语言美、人物美及自然美的欣赏，掌握感受与鉴赏美的方法，提高自身审美能力，形成正确、积极的审美观点。不论是古诗、宋词，还是美文、佳句，都是祖国绚丽的瑰宝、宝贵的精神财富。如何感受文章的美感，如何鉴赏人物的形象美，这皆离不开教学方法的运用。语文教师应引导学生浅入深出地分析文本，教会学生感受与鉴赏美的方法，帮助学生获得审美体验。综上所述，通过教学方法引导其树立积极向上的审美价值观，以此促进学生语文核心素养的培养。

（四）了解与传承文化维度对教学方法的要求

中华文化包含了人类文明进步和祖国的历史发展，是每一个中国人都需要充分了解的，要增强对祖国文化的认同感并自觉承担传承责任。学生在对文言文、古诗词、文学佳作等语文内容学习的过程中，通过阅读文本、感受字里行间蕴含的丰富文化，在此基础上增进对中华文化的理解，提高对其的认同感和传承的责任感。在此过程中，语文教师需要注意的是，文化的价值并不仅仅存在于文字表面，要带领学生深入文本挖掘其内涵。这就需要教学方法的支撑，因此教师要巧妙设计教学方法，引导学生有层次地探究其深层含义，充分领略祖国文化的风采。以实践教学法为例，语文教师应抓住一切传统节日开展文化活动，通过中心主题的设计启发学生自主寻找节日的由来、发展过程、习俗，促使学生在调查过程中感悟文化的博大精深，以此激发爱国情感。

总之，语文教师需要把握语文核心素养的四个维度，正确理解语文教学方法对语文核心素养的践行价值，充分发挥其对语文核心素养的贯彻和推动作用。教师要剖析语言文字的魅力，提高学生语言组织及表达的能力，锻炼学生的听说与读写能力；遵从学生的课堂主体地位，激发学生的想象，给予学生自主发挥创造性的空间，促进学生思维的发展；带领学生深入文本，挖掘其最真挚的情感，帮助学生获得感受与鉴赏美的能力；抓住传统节日，因势利导展开文化实践，帮助学生了解祖国传统文化，使其自愿传承文化。

第三节　基于核心素养培育的语文教学方法优化建议

语文教学方法的使用需要遵循一定的原则，在原则的引领下充分体现学生的主体地位，以学生喜闻乐见的形式展现，激发其内在学习潜能，引导他们感受语文的魅力，在此基础上培育学生的语文核心素养。

一、基于核心素养培育的语文教学方法的运用原则

（一）教学方法的主体性原则

语文教师深知教学方法的设计以学生为主体这一原则，但其在教学方法的设计中会有意或无意地忽略这一点，这侧面反映出以学生为本的教学方法原则并没有深入语文教师的内心。因此，主体性原则被列为教学方法运用的首要原则。

教师在选择教学方法时应注重学生的课堂主体地位，充分调动其参与课堂的主动性和积极性，还课堂于学生。同时，需要注意的是，学生是有生命的个体，其各方面都处于发展的基础阶段，语文教师应根据学生的身心发展特点灵活运用教学方法。学生对任何事物都充满了好奇心，稍加引导便会立马投入其中，在寻求知识的过程中感受到学习的快乐。

（二）教学方法的灵活性原则

教学方法的灵活性原则主要体现在两个方面：一方面体现在语文教师能够根据教材内容、教学设备、学生个性差异及自身教学特点灵活选用教学方法；另一方面体现在语文课堂教学是一个动态生成的过程，教师需要重视教学预设与教学生成之间的关系，教学方法的设计不能是死板僵硬的，需要在教学生成中根据实际情况灵活转变。语文课堂灵活多变，在教师讲解知识点或者解析人物形象时，极有可能出现学生思路跑偏的现象，这是教学所不能预设到的。如果教师不能灵活运用教学方法，就会导致教学内容停留于表面而不能深层次挖掘，这样不仅没有解决突发问题，还容易误导学生，使其难以掌握学习的精华

部分。比如，学生不经意间提出疑问时，教师先不要直接给予回答，鼓励学生自主思考，自主解决问题，在无法独立解决问题的情境下创建思维空间，提高思维活跃度，在此过程中教会学生解决疑难的方法。学生不经意间的提问是教学中无法预设的，灵活转变教学方法便能把突发问题转变为教学生成的精彩时刻，由此可见教学方法灵活性原则的重要性。

（三）教学方法的多样性原则

语文教学内容具有丰富性、多样性等特点，加上学生的个性差异，决定了教学方法的多元性。每种教学方法都有其优点和局限性，语文教师需要取长补短，综合运用，不同教学方法侧重的维度不同，要因材施教，促进语文核心素养的培育。在实际教学中，语文教师需要根据教学目标及学生的个性特点重新思考、优胜劣汰、创新组合教学方法，以集中学生的注意力，吸引他们主动参与到语文课堂中，帮助学生更好地理解运用语文知识，发挥教学方法的最大功效，以提高教学质量。简言之，语文教师应该意识到教学方法优化组合的作用，遵从教学方法的多样性原则。因为整堂课的教学目标是多元的，此教法足够有效解决某一类教学目标，但对于另一类教学目标或许就效果削弱甚至束手无策，为此在教学中必须综合运用多种教学方法。比如，针对某一部分教学内容，教师可以把提问法与讨论法进行优化组合，只不过两者所占的比重各不相同。也就是说，教学方法的优化组合是主次有序的，并非独立使用。

（四）教学方法的适用性原则

众所周知,在语文教学中不存在任何一种教学方法适用于所有的教材、课堂、学生、教师，每种教学方法的采用都需要因教材而异、因课堂而异、因学生而异、因教师而异，这便是教学方法适用性原则被提出的合理性。

语文教师应该遵循教学方法适用性的原则，既要考虑教学方法的适用对象及功能，又要考虑教学方法适用性及功能发挥的范围及条件。如果语文教师采用教学方法时不考虑外在因素，强制把不匹配的教学方法和教学内容拴在一起，只会减弱课堂教学的效果，使学生学习的过程变得曲折复杂,故而失去学习兴趣。教学中任何种类的教学方法都有其自身存在的价值和意义，但它的使用价值不是万能的，不可能适合所有的对象。只有充分考虑教学方法的适用性，加以选择与创新，才能提高教学效率，为学生核心素养的培育所服务。

二、基于核心素养培育的语文教学方法的改进策略

（一）强化品读表达，提升学生听说与读写能力素养

当前我国提出的语文核心素养的培育，首先注重学生对于语言知识在情境中的学习与运用。语文教师需要采取以语言传递为主的教学方法，帮助学生进行语言实践经验的积累。教师选择教学方法时应有意识地为学生创设听说与读写的氛围，通过读书指导法和讲授法等为学生创造吸收语言、感受语言的机会，通过讨论法和谈话法等为学生创造语言表达的条件。

1. 采用故事教学法，激发表达欲望

语文教材的编排特点与部分语文教材有所出入，其更注重图画、色彩、模块学习对于学生的教育作用。再加上教学方法的适用性原则及学生的年龄特点及认知规律，语文教师可以采用故事教学法进行教学。故事教学法运用的前提便是教师需要创设轻松、愉快的学习氛围，促使学生快速融入课堂，锻炼其语言组织能力和表达能力。

2. 采用读书指导法，感受语言魅力

语文教师采用读书指导法教学生读书，应该从读通、读顺课文内容开始，在此基础上再追求读好、读懂。因为教学方法讲究适用性原则，语文教师在使用读书指导法时，应有意识地注意范读时语言的清晰、准确、流畅，语调的高低、速度及抑扬顿挫，提高语言的感染力。学生在听教师范读时，不仅要聚集注意力，还要对听的内容有所理解、模仿、感受和联想，在此基础上进行练习。在学生学习读法、尝试读及熟练读，到最后有感情地读的时候，要求教师要有敏捷的观察力和指导能力，对学生的阅读技巧进行指导。在读的过程中让学生感受读的方法和读的态度，在读书中潜移默化学习语言组织的方法，获得语感。学生在长期听和读的学习中，慢慢积累想要表达的欲望，通过语言建构、组织，由在教师的引导下表达出自己的想法到完全自主表达自己的想法，发展学生的听说和读写能力，培养学生的语文核心素养。

3.采用情境教学法，提升书面表达能力

语文是一门实践性较强的学科，学生不仅要学会口头表达，还要学会书面表达。在教学中，教师不仅要注重学生书写的姿势和习惯、写字的态度和规范，还注重学生写作的流畅和语言组织的逻辑性。以往的写作教学不注重情境的创设，导致写作训练枯燥无趣，不能吸引学生的注意力，学生对写作也没有兴趣。因此，教师应注重情境教学法的运用，激发学生写作的欲望，以课文为载体，从文本内容的角度出发，设计与之相关的写作练习。

（二）发展想象创造，培养学生思维发展与提高素养

语言是思维的外衣，思维则是语言的调配器，没有思维的调动，语言则是毫无意义的符号。语文核心素养提出发展学生的思维，必然要先打破语言的牢笼，从注重教师的教向注重学生的学转变，把课堂主体地位还给学生，通过学生言语的运用产生思维的碰撞，充分调动学生学习的自主性和主动性。探究和启发等教学方法适用于对这一维度的培养，在遵循教学方法主体性原则的基础上充分融合学生的思维发展理念，以提升学生的思维能力为最终目的。

1.熟用启发教学法，引导学生思考

学生在语文知识的学习和语言运用的过程中形成语文思维，语文思维的发展程度影响语文学习成效的高低。因此，教师在选用教学方法时应注重引导学生思考，而不是盲目地追求标准答案。启发教学法能够帮助学生在学习和实践的过程中逐步形成敏锐性、深刻性等思维品质，适合语文核心素养的培育。

启发教学法是指教师根据教学内容和学生的实际，引导学生分析问题、解决问题，从而获取知识，促进思维的发展。要想采用启发教学法，需要教师提前做好教学准备，充分了解学生的学习情况。教师只有循循善诱，由浅入深，把问题和教学内容紧密联系，激发学生的学习潜能，帮助学生获得思维品质的提升，才能使思维发展散发新的生机与活力。

2.勇用探究教学法，鼓励思维发展

语文教师应该重视对于探究式教学方法的使用，这是提升学生思维品质，鼓励其思维发展的有效教学方法之一。在课堂教学中采用探究教学法时，教师可创设有效情境，激发学生的好奇心，鼓励他们进行自主探究，真正充分给予

学生自主合作探究的学习时间和空间，最后总结自己的学习成果并互相交流和分享。教师在教学过程中应该及时地发现问题并进行一定的引导，及时发现并调整学生在探究过程中出现的问题，调动学生探究的积极性，重视他们对于探究结果的分享及交流，在交流中进行思维的碰撞，从而实现思维的发展。

（三）促进情感陶冶，提升学生感受美与鉴赏美的素养

语文文本蕴含着丰富的美的文化，教师需要通过教学方法的灵活运用来引导学生感受并体会其中的美。语文知识固然重要，但通过语文知识的学习感受作家的情感和胸怀对学生来说具有重要意义，有感受才有体验，有体验才有升华，在此过程中陶冶自己的情操。换句话说，教学方法的灵活运用对培育学生感受美与鉴赏美这一素养起着关键性作用。对此，语文教师应该遵循教学方法的多样性原则，多角度引领学生学习文学作品，使他们获得审美体验，学习审美的方法，不断陶冶审美情操，净化自己的心灵。

1. 巧用语境分析法，培养审美情操

文章是文字汇集的精华，离开了文字，文章便不复存在。选编进语文课本的文章更是经典文学，通过作者逐字逐句的分析比较，才产生了一篇篇汇集心血、文质兼美的文章。因此，教师应在教学中注重语境分析法的运用，带领学生细细品味文章的语言文字美，提高学生感受美的能力。

2. 妙用文本表演法，激发情感体验

语文教师在教学时要尊重学生的主体地位，注重学生的情感体验，让其对文学作品具备一定的理解程度和欣赏能力。"教育即唤醒"，教师只有在唤醒学生心灵的基础上，引导学生深入文本，促使学生带着对感情的执着走进美好的语文世界。因此，语文教师遵循教学方法的灵活性和适用性原则选择文本表演法在此时可以发挥最大功效，以文本内容或人物对话为表演内容，发挥学生的主体地位，辅助他们在理解文本语言、探究文本写作背景的基础上把自己对于文本内容的理解演绎出来，这无疑能够很好地帮助学生理解教材，有效地掌握知识，并使他们的心理机能得到发展，激发学生的情感，使其审美鉴赏与创造能力得到提升。

（四）开展文化活动，提升学生了解与传承文化的素养

语文核心素养还有最重要的一个部分，即了解与传承文化。因此，教师应遵循教学方法的主体性原则，注重学生对先辈们智慧和人文精神的学习，培养学生了解与传承文化的能力。比如，教师可采用实践教学法，促使学生主动参与文化传承活动，通过亲身体验，感受中华文化的魅力所在，激发其传承祖国文化的使命感。

第四节　中职语文核心素养落地

一、探索评价路径，落实中职语文学科核心素养

（一）评价主体多元化，落实语文核心素养

新课标注重在任务驱动下的中职语文课堂教学贯彻"以学生为中心"的教学理念，在课堂教学评价中应以学生为评价的主体，教师的教学不应且不能成为课堂的独角。"要提高中职语文课堂教学效率，就必须改变传统的教师讲、学生听这种'填鸭式'的课堂教学模式。"在信息化时代，教师要转变自身的角色，逐渐成为一名导演，一名学习体验设计师、学习工程师，引导学生持续拓宽知识的边界和生命体验的广度，启发学生不断打开解决任务的思路。借此，学生必将主动地"根据各自的学习个性和语文能力的现状去寻找自己的最近发展区"。学生主体意识的增强，要求教师不能独占评价体系的话语权，但在表面上作为多元评价中普通一员的同时，要求教师在关键时刻利用自身的学识和经验，起到启发和引领的作用。教师角色身份的转变，换来的是学生在自评、互评中的学习和成长。当学生主动地成为多元评价中的品评者甚至能够表达自己见解的评论者时，语文核心素养的落实将不再是教师单方面废寝忘食地推动，而是学生主动地习得。在教与学高效的双向互动中，落实语文核心素养将取得事半功倍的效果。

例如，在诗歌教学中，引导学生能够有感情地朗读是必不可少的教学组成部分，但在很多教师的教学实践中，对学生朗读展示的评价往往浅尝辄止。如果践行评价主体多元化的理念，引导学生进行自评和互评，再辅以教师点评进

行总结，既能够增强学生展示自我的信心，明确展示成果的优点与不足，又能够借助学生评语这一课堂生态资源，帮助教师自然而然地提炼诗歌文本赏析要点，加深学生对诗歌情感、朗读技巧和深层内涵的理解。

（二）评价内容丰富化，落实语文核心素养

中职语文学科核心素养的提出，是在充分考虑中职学生的情况和中职语文的学科特点后，从《中国学生发展核心素养》中高度概括提出的，而学生发展核心素养所立足的，是21世纪新的经济、社会、政治形势和文化语境对新一代学子的素质所提出的新的要求。因此，在语文核心素养目标的指引下，教学内容要做出改变，与之相适应，教学评价内容也要同步进行更新。

首先，在核心素养目标统摄下原本被边缘化的教学内容重新受到了重视，比如口语交际。随着整个社会信息化程度逐渐加深，5G时代快步到来，量子通信即将问世，人与人之间的距离被前所未有地缩短，沟通交流的方式和场所越来越丰富。因此，语言理解与应用核心素养提出学生要"在具体的生活、学习、工作等语言运用情境中，正确理解与运用祖国语言文字，进行有效的交流与沟通"时，口语交际的教学内容必须引起教师的重视。教师要在正视大多数中职学生不敢交流、不善交流的学情的前提下，创设生活、工作等不同情境，营造平等、温和的教学氛围，以任务为驱动，通过激励性评价，激发学生勇于参与口语训练，提升自身的沟通能力。

例如，在语文基础模块中，每一单元均设置了"语文综合实践"课，很多教师在实际教学中往往对此课并不重视，或者将其略过，或者敷衍地讲讲。但随着时代对中职学生的素养提出新的要求，重视锻炼学生语文实际应用能力的"综合实践课"必须引起教师的重视，并设计丰富的任务和评价内容，引导学生在创设的情境中不断锤炼、提升自己的听说读写能力和水平，在实践中学习语文、应用语文。

其次，在以往教学中仅仅是作为拓展的部分，但是在新课标的核心素养目标中明确要求学生习得。比如，解读课文后作为课后拓展写作的任务，过去的教学实践是为了引导学生积累写作素材或趁热打铁掌握作文的写作手法，但长此以往，出现了为应试而片面追求积累好词好句，为应试才学习艺术手法的错

误倾向，学生失去了对文本美感的感悟，更难以穿透文本的语言表层进行具有深度的理解、思考和评论。新课标有针对性地提出学生要"养成写读书提要和笔记的习惯，写出自己的阅读感受和见解，积累、丰富文学作品欣赏经验，并学会与他人分享"。因此，教师应分层次地设置任务，驱动学生在课文阅读，尤其是经典课文阅读乃至整本书阅读时，写概要、提要、读书笔记、作品简介、文学短评等，通过课堂分享呈现的形式，以自评、互评等多元化的评价方式和个性化的评价语言，引导学生表达自己的见解，落实思维发展与提升核心素养。

（三）评价方式创新化，落实语文核心素养

中职学生学习语文课的一个重要目的，是增强自身的基本素养，为专业课的学习打下基础，最终实现全面发展。但现实是中职学生的学习基础较弱、学习态度较差，若语文课堂教学从问题设置到教师评价依然固守传统，不懂得创新，那么语文课将失去对学生的吸引力，无法达成应有的教学效果。因此，立足学情，分层次为不同学生、不同小组设计任务，既能够加强学生的基础训练，又能够面对学生呈现的各层次学习成果做出有针对性的个性评价。

随着中职学校校企合作程度的逐渐加深、现代学徒制模式的逐渐推广，学习场景与工作场景的对接更为紧密。为帮助学生更顺利地走向工作岗位，语文教学在学生职业素养培养方面必须发挥自己的作用。因此，在评价对象上不能仅局限于学生的知识、技能、智力和能力等方面，也要重视对学生情感、意志和性格等与职业素养息息相关的要素进行评价，更要针对不同的评价对象采用不同的评价方法。

例如，在为汽车营销专业学生讲授《荷花淀》时，教师可依据该专业培养目标中对学生较高的口语表达水平、良好的团队协作能力的要求，在课程讲授的不同环节设计不同的任务和与之相应的评价标准。如在课前自主学习阶段，教师可以设计朗读课文的任务，依据有针对性的评价标准，学生录制朗读音视频，并上传至班级网络学习平台，进行小组自评和组间互评；再如在课堂学习阶段，教师为每一项任务的不同完成程度赋予不同的分值，用小组积分竞赛的方法，既活跃了气氛，又激发了学生参与团队协作的积极性。借此，不仅切实做到了语文核心素养目标的落实，而且培养了学生所学专业要求具备的职业素养。

二、中职语文学科核心素养培养路径研究

（一）课堂：核心素养培养的主阵地

1. 基于学科——提升语文素养

中职语文课程由基础模块、职业模块和拓展模块构成，又细分为八个专题。在教学中，教师要以教材为依据培养学生的语文素养。教师可充分利用经典课文，开展读说听写活动，让学生通过诵读、研读文本、写作，提升语言感知能力和运用口头及书面语言的能力。

2. 基于生活——提升生活素养

这里的生活素养指的是生活能力以及必备的品格与正确的价值观，简而言之就是能力与品行。传统语文教学重知识，轻能力，而基于核心素养培养的语文教学要求教师具备"生活即教育"的理念与意识，即巧妙地将教材与生活联系起来，锻炼学生的能力，培养学生树立正确的价值观。例如，在教学《长江三峡》后，教师可以引导学生运用文中的写作方法将旅途中的见闻记录下来。对于这样的学习任务，学生很感兴趣，不仅扎实掌握了文本写景状物的写作技巧，还提升了写作技能——创作美篇。

3. 基于职业——提升职业素养

职业素养包含专业能力及职业精神。中职语文教学要凸显职业特色，为学生将来走上工作岗位做准备。因此，教师可在语文教学中嵌入跟专业相关的任务情境，在语文课程与专业知识之间搭起一座桥梁，实现语文素养与职业素养的融合及共同提升。例如，影视制作专业的学生学习人物传记单元时，教师可以嵌入纪录片脚本写作的教学任务，学习游记单元时，可以嵌入家乡某一景点的纪录片脚本写作任务。旅游专业的学生学习游记单元时，教师可以嵌入导游词写作任务。

（二）课外：核心素养锻炼的大舞台

1. 课外阅读——"读"出素养来

部分中职学生的课外时间多是在游戏中打发的，而没有阅读就没有积累，这就需要教师有组织地开展课外阅读活动。一是布置课外阅读任务，让学生充

分利用好课外时间，不断提升阅读能力；二是鼓励学生阅读经典，与经典同行，这样才能提高审美鉴赏水平，提升语文素养；三是开展整本书阅读，教师可有计划地组织学生开展整本书阅读活动，改变目前学生碎片化阅读的现状，不断丰富学生的语言积累和文学积累。

2.综合实践——"做"出素养来

中职语文课程设有语文综合实践活动的教学任务。所以，部分教师课堂教学以讲解综合实践的考点为主，考试内容为活动目的、宣传标语、活动环节、开场白、结束语，等等。很显然，为考而教违背了素质教育的初衷，为分而学也无法提升学生的核心素养。

陶行知先生提出：我们要在做上教，在做上学，教而不做，不能算是教；学而不做，不能算是学。教与学都以做为中心。中职语文课程的综合实践活动是培养学生核心素养的重要途径，对此，教师要认真组织学生开展相应实践活动。例如，对于调查报告，虽然学生在课堂上学会了写作格式、写作技巧，但是没有经过调查实践，是不会完成一份真正的调查报告的，这和在岸上永远不可能学会游泳是一个道理。因此，教师可带领学生经历制作问卷、问卷调查、访谈、数据汇总分析、撰写报告一系列"做"的过程，让学生真正学会调查，学会撰写调查报告。

3.生活磨砺——"炼"出素养来

教师在语文课堂上创设的生活情境是为学生学习提供的"心理场"，而生活的磨砺才是培养学生核心素养的最佳途径。陶行知先生指出：人生需要什么，我们就教什么。生活就是最好的教材，社会就是最好的学校。

（三）评价：核心素养落实的试金石

1.基于目标——评价的诗和远方

评价的目的在于检验教学质量，改善教学过程，促进学生学科核心素养的全面提升。中等职业学校语文课程标准不仅明确了培养什么样的人、如何培养人的问题，还明确了学科学业质量标准，确定学到什么程度才算好。因此，基于立德树人、提高核心素养的指导思想，中职语文学业水平评价要坚持正确的政治方向和育人导向，引导学生树立正确的世界观、人生观和价值观，全面准确地判断学生语文学科核心素养的发展水平。教师可立足学生发展，根据不同的评价目的，整合诊断性评价、形成性评价、终结性评价等多种评价方式，增强评价的科学性和有效性，全面评价学生语文学科核心素养的整体发展水平。

2. 注重过程——评价永远在路上

素养的养成不是一蹴而就的，是一个渐进的过程，这就需要教师注重过程性评价，立足学生的成长和进步，动态地看待学生的学习过程和成长过程，充分调动学生的学习积极性，促进学生全面发展。教师可为学生建立学习档案等过程性材料，或运用信息技术丰富学生表现性评价的内容，形成多样化的成长记录，即通过评价引导学生学会学习，自觉提升语文学科核心素养。

3. 关注表现——评价的观察与引导

素养是隐性的，教师可通过典型的言语活动、典型任务，在言语中、活动中，听其言，察其行，了解学生的情感、态度、价值观，并以此对学生进行科学评价，做出正确引导。例如，教师可通过现场观察、对话交流、小组分享、自我反思等多种评价方式，关注学生的表现，这样的评价也更具科学性、整体性和有效性。总之，核心素养下的评价不再是笔试一种形式，不再是一考定乾坤，而是通过活动进行评价，在动态中引导，从而全面发展学生的语文核心素养。

第二章 中职语文核心素养构建

第一节 语言建构与运用

一、走进语文世界，感知语言的魅力

语文学科的核心是什么？是品味语言。语言里有人类特有的大千世界，有数不清的知识、智慧和奥秘，有无穷的故事、思想和意义，有无比美妙的风光、乐趣和享受，有难以穷尽的生命、情感和意志，语言孕育了人类，孕育了人类文明。

语文核心素养四要素中，语言是基础，也是最基本的核心，其他三要素的发展与培育，都离不开语言的根植和影响。其一，思维是学生发展语文素养的运行保障机制，一切能动的创造都离不开思维的跳动，在整个素养体系得以发展的过程中，思维本身也在发展与提升，从而更好地支撑起其他核心素养的发展。其二，审美与其他三要素的关系，好似手段与目的间的关系，语言、思维与文化的发展始终伴随着审美鉴赏与创造，后者就像一根无形的缆绳始终在把握与引领着前面三者的发展与走势。正如当下，只有贴近与符合社会主义核心价值观的事和物，才是正确的，才有可能得以留取、传承和发展。其三，文化和语言是汉语言课程的一体两面，在语文核心素养体系中有着不可或缺的地位，离开文化去谈论汉语言与中国文字，好似无源之水、无本之木。中华五千年的传统文化早已深深地蕴含于祖国的语言文字之中，也正因此，对中国文化的理解与传承既是学生发展语文核心素养的补充与完善，也是语文课程本身存在的担当之任。综合上面的论述，如果语文核心素养再有核心的话，多数人认为，汉语言建构与运用无疑是核心中的核心，重要中的首要，由此可见，语言建构与运用的重要性。

中华汉语言，更是奇妙的精神造物。它绝非代表一定的声音和意义的符号，

它们是充满智慧和感情的精灵。它言简意赅，词少意丰，力量神奇；有很强的逻辑性、隽永的含蓄性、无比的简洁性。《诗经》《楚辞》和乐府民歌、汉魏古诗、唐诗宋词、元剧明曲、明清小说，这是一座座多么神奇瑰丽的宝库。语文教学就是引导学生用美好的心灵，去接触那些美好的语言和文字营构的美好的境界、美好的情愫。让这些美好境界和情愫来滋润、温暖、感化人们的心灵。一点点地浸染，一点点地沉淀，促进人一点点地成长，一点点地美好，这就是语文。

（一）学习语文离不开品味语言

所谓语文，就是语言和文字、语言和文章、语言和文学、语言和文化。总之，语文离不开语言。可是不少教与学不喜欢品味语言。读文章像跑马，只追求情节和意思，不品味语言韵味。这样学习语文是学不好的。

（二）品味语言离不开情感审美

莎士比亚在《哈姆雷特》的剧作里有一首很美的人类颂歌："人是多么了不起的一件作品！理智多么高贵！力量多么无穷！行动多么像天使！洞察多么像天神！宇宙的精华！万物的灵长！"无疑这是对人类的盖世评述，也是理智的盖世之作。这段文字，用美学来剖析：七个短句，七个叹号，写出了七彩的美好，七彩的哲理。其间，伟大的人格，神圣的智慧，改造的伟力，行为的机巧，心灵的光明，极其深邃的美学哲理，恐怕足以让黑格尔、尼采等先哲用砖头厚的论著才能阐述清楚。上述的剖析，就是品味语言！品味语言就是情感的审美！

情感的审美，是一种创造性思维，审美是思维的灵魂。语文可是一个琳琅满目的世界。其间，有闪烁着马列精神的思想美，有反映民族传统的道德美，有古今英烈的情操美，有文人志士的涵养美，有赏心悦目的自然美，有催人奋进的创造美，有引人欣羡的艺术美，等等，而获得美感，离不开美读、美说、美写、美创、美用。

美国诗人弗罗斯特曾经鼓励自己的学生说："要成为一个优秀的作家，就必须先成为一个优秀的读者。"语文需要朗读，要读出激动，读出启迪，读出语感，读出智慧；要读出一种情怀，读出一种心境，读出一种气质。《从百草园到三味书屋》中这样写道："先生自己也念书。后来我们的声音便低下去了，静下去了，只有他还在大声朗读着……我疑心这是极好的文章，因为读到这里，他总是微笑起来，而且将头仰起，摇着，向后面拗过去，拗过去"这便是忘情的美读！

（三）情感审美离不开意蕴感悟

读一本书或一篇好文章，会有一种灵魂突然被唤醒的感觉。这种感觉就是意蕴的感悟。感悟是一种具体神秘性质的心灵回应。人活在世上，就是要听别人说话，就是要读书。听别人说话或读书，就有感觉：或赞同，或反对，或感悟，或高兴。

在文学作品中，情感和意蕴的相互交织也是不可分割的。作者通过作品表达出的情感，往往可以引发读者的共鸣，读者通过对作品的感悟，深入体会到其中所蕴含的情感和思想，进而产生情感的共鸣。这种情感共鸣和意蕴的感悟使文学作品更具有生命力和艺术价值。

情感审美也贯穿于自然景观的欣赏中。人们在大自然中感受到的美，往往能够引发内心深处的情感共鸣。例如，面对壮丽的山川河流或静谧的湖泊草原，人们的内心可能涌现出敬畏、宁静、喜悦等复杂的情感。这种情感的触发和体验，正是因为人们在感悟自然景观的意蕴时，与大自然建立了情感的纽带。

总之，情感审美离不开意蕴和感悟，它们相互交织，共同构成了人类对于美的感知和理解的重要方式。通过感悟作品和现象的内在含义，人们能够在情感的引导下更加深刻地体验和欣赏美，从而丰富精神世界。

（四）走进言语深处，求得言意共生

在文学作品中，一个字就是一个意蕴，一个词就是一片旖旎的风光，一个精彩的句段，有时就是诗情画意的世界。清·吴乔《围炉诗话》有云："意喻之米，文喻之炊而为之饭，诗喻之酿而为之酒。"意好比是米，文就好比是米做成的饭，而诗则好比是米酿成的酒。教材中的选文大都为典范之作，文质兼美，难易适度，并富有文化内涵和时代气息。课本对学生的教育功能，是其他一切媒体所不能替代的。

走进语言深处是一种审美教育。它最有效的方法是"美点品析"，这也是一种具有牵引力的语文实践活动。且看《背影》中父亲买橘子情景所饱含的"亲情美"："蹒跚、探身、穿过、攀着、微倾、向上缩、慢慢爬下，再抱起橘子走"，寥寥数语，洗尽铅华，至真至朴，细细道来，将人、事、情、感，原态原貌地呈现于读者的面前，文字深处的深深的父爱，表现得淋漓尽致，让人感同身受，潸然泪下。

总而言之，语文教学要通过品味语言走进语文世界。语文教师要通过精到的导读，将宏大的加以细化，隐秘的加以显现，复杂的加以结构，让学生获得品味语言的能力！这是语文教学的基本要求，也是感知语文魅力的需要！

二、品味语言成就诗意语文

（一）语文需要有诗意

从"社会的进步就是人类对美追求的结晶"到"人诗意地栖居"，从教育是"必要的乌托邦"到"人性的教育呼唤诗意"，从"不学诗，无以言"到"诗是人类的母语"，从"不管是在人类的开端还是人类的目的地，诗都是人类的女教师"到"所有的思都是诗"，从汉语是理想的"诗性语言"到诗意浓郁的文本。这些都一脉相承地言说着"诗意"在人类精神发展和教育中的地位。

如果说人类需要诗意、教育需要诗意，那么，语文则更需要诗意。语文要培养学生的语文能力，若不在富有诗意的情境中进行，就成了机械操作；语文要培养学生的人文精神，没有诗意的语文课是苍白的、枯燥的、令人厌恶的语文课。

诗意是语文最终的答案？诗意能囊括语文的全部？或者，诗意能反映语文的特性？虽然，我们不能如此定论，但在落实语文核心素养的今天，可以肯定的是，每一次有意义的语文诗意的探索，都只会更接近于语文素养的本体。

诗意是以"语言建构与运用，思维发展与提升，审美鉴赏与创造，文化传承与理解"为基本内涵的语文核心素养显露的外衣。

（二）品味语言成就语文诗意

在语文的天地里，有着多少出类拔萃的惊世之作。有着多少高迈拔俗、伟岸刚忍的非凡诗魂。从屈原，到杜甫，到林则徐，到谭嗣同、秋瑾，中间有着一脉相承的灵魂线索，有着亮丽卓越的人格魅力。他们以博大的襟怀和清醒的灵魂温暖着、滋养着、培育着、铸造着一代又一代国民的灵魂。

因此，语文学习不是消遣，不是字词句章的破碎肢解，更不是博得学生的一时好奇。学语文的根本，在于提高语文素养，在于培植为国为民的远大志向，增长那种为社会进步而努力的精神意志！而要为这终身受用的精神打下底子，语文教学，就必须采用"与文本对话"的方式，引导学生走进言语深处，品尝语文原味！所谓"与文本对话"，就是引导学生对书面语的理解、领会，与文章所包含的观念和信息进行碰撞，与作者产生情感交流、心灵感化。

真正的情感教学，是让学生进入作品言语所描写的境界中去：摒弃各种俗念，全身心地沉入作品，教会学生运用自己的全部感官、知识、人生经验和生命精神，走进言语深处。

培根说："读书足以怡情，足以博采，足以长才。"学语文的意义，在于增进悟性、陶冶情操、增长才智、学会做人。而在此过程中，教材是最重要的蓝本，新课程强调创造精神，绝不是轻待文本。语文老师要积极引导学生认真阅读文本、积极开发教材，品味语言。晚唐司空图有名言道：语言艺术最高境界："象外之象，景外之景，韵外之致，味外之旨。"这便是母语美的可心之处，也是诗意语文的追求。李白的《将进酒》中的那种豪放的酒话，那种放浪的性格，"天生我材必有用"的那种豪情。以及《老人与海》中"人生来就不是为了被打败的"那种自信，那种豪壮，能打动学生心灵，这正是诗意语文教学的着力点。就像美国诗人弗罗斯特鼓励自己的学生所说的那样："要成为一个优秀的作家，就必须先成为一个优秀的读者。"品味语言，求得体验，达成言意共生的教学境界。

三、如何教会学生揣摩语言

（一）"揣摩语言"的含义

《词源》对"揣摩"的解释是"指对语言文字的玩赏，并加以仿效"。古人有"每涵咀义味，独坐日昃""涵泳玩索，久之当有自见"等说法也可作"揣摩"注脚。应该说，"揣摩"是传统读书法中的精华，历来为人们所重视。现如今，揣摩语言则是语文教学的一个重要组成部分。叶圣陶先生说："一篇好作品，只读一遍未必能理解得透。要理解得透，必须多揣摩。"

因此，所谓揣摩语言就是理解、感受、品味文章的语言；就是在一定的语言环境中，联系上下文，联系中心思想，对文中重要语句的深层含义、感情色彩、表达作用等进行辨析、品味和理解。

学生学会揣摩语言，养成揣摩语言的习惯，可以加深对语言运用技巧的理解，不断增强自己的语感。语感增强了，阅读时知道如何咬文嚼字，领会别人的言外之意了，写作时懂得如何斟词酌句，表达自己的真情实感了，语文水平自然得到提升。

经得起揣摩的言语材料，常常隐藏在不经意处，而在这不经意处，恰恰含有无穷意趣可以去品味、挖掘。于平淡处见奇崛。譬如，老舍的《想北平》，文章运用对比衬托、类比、反复、比喻等手法，以小见大，处处不说爱，但处处都在表达对北平的爱，情感深厚却表露得朴实自然。语言"京味儿"浓郁，纯朴简洁却内蕴丰厚，极富感染力。

（二）"揣摩语言"的基本方式

1. 依托意象，揣摩语言

何谓意象？客观物象经过创作主体独特的情感活动而创造出来的一种艺术形象。意象的基础是"象"，是视觉形象，但是这个"象"里面还必须包括"意"，即人的主观色彩，这才能构成所谓"意象"。中国诗学一向重视"意"与"象"的关系，亦即"情"与"景"的关系，"心"与"物"的关系，"神"与"形"的关系。在文学作品里面，对任何景物或事物的描写，都不可能不含人的情绪或意向。

意象组合起来，就构成了意境。马致远的《秋思》中"枯藤老树昏鸦，小桥流水人家"句中，枯藤、老树、昏鸦，小桥、流水、人家这些事物就是诗中的意象，这些意象组合在一起，就成了一个凄清、伤感、苍凉的意境。意象是具体事物，意境是具体的事物组成的整体环境和感情的结合，情寄托在景中，景中有情，情景交融。

赏析意象，赏析语言，是阅读教学的一种重要方式，尤其是在诗文中。

譬如李白的《送孟浩然之广陵》："故人西辞黄鹤楼，烟花三月下扬州。孤帆远影碧空尽，惟见长江天际流。"这首诗由一系列单个的意象——黄鹤楼、烟花、孤帆、长江等——组合起来，便成了一幅藏情于景的逼真画面，虽不言情，但情藏景中，更显情深意浓。诗中没有直抒对友人依依不舍的眷恋，而是通过孤帆消失、江水悠悠和久伫江边若有所失的诗人形象，表达得情深意挚，表面上这首诗句句是写景，实际上却句句都在抒情，引发读者无尽的审美想象，形成了诗歌隽永的意境。从上述两例我们可以发现，意象离不开意境，"梅"离开全诗意境，就失去了其在诗中的独特含义，"孤帆"脱离原诗意境，也与眷眷离情无关。

譬如王冕的《墨梅》："我家洗砚池边树，朵朵花开淡墨痕。不要人夸颜色好，只留清气满乾坤。"诗中只有一个意象墨梅。但这梅已非自然界之梅，而是作者心中之梅，一树带着墨色的有个性的梅。细细品味，我们能感受到诗中有一种狂放不羁、特立独行、安然自适的艺术境界，这种境界是通过这树梅形成的，这就是本诗的独特意境。一般咏物诗大都如此。

当然，并非所有的意象组合都能构成意境的。如白朴的《秋思》："孤村落日残霞，轻烟老树寒鸦，一点飞鸿影下。青山绿水，白草绿叶黄花。"并列了12个意象，虽也鲜明生动地呈现出绚丽的秋色图，但并无饱满深挚的情感，缺乏"情与景""情与理趣"的自然融合，就无法构成"诱发"人想象的"审美空间"，缺乏意境，当然就难以感人了。

2. 美读美感，悟得其韵

古人云："读书有三到：口到、眼到、心到。"只有三者并用才能达到良好的读书效果，而朗读完全可以达到这个要求。

朗读，就是一个将无声的书面语言转换为有声语言的过程，是眼、口、耳、脑协同作用的创造性阅读活动。叶圣陶先生说："阅读教学总得读。""语文教学的所谓'亮点'，首先应该在朗读上。"有效的朗读指导，使学生从中受感染，能调动学习的积极性，并养成良好的朗读习惯，对培养学生的阅读习惯，也能起到很好的促进作用。叶老说："多读作品，多训练语感，必将能驾驭文字。"

例如，朗读张若虚的《春江花月夜》，心中泛起阵阵美意：构思上，以写月作起，以写月落结，把从天上到地下这样寥廓的空间，从明月、江流、青枫、白云到水纹、落花、海雾等众多的景物，以及客子、思妇种种细腻的感情，通过环环紧扣、连绵不断的结构方式组织起来。由春江引出海，由海引出明月，又由江流明月引出花林，引出人物，转情换意，前后呼应，若断若续，使诗歌既完美严密，又有反复咏叹的艺术效果。

3.驱遣想象，品得其味

一切文学艺术都是诉诸感性的，它们总是借助具体的形象反映生活，通过艺术的感染力量和美感作用影响读者。离开形象就没有文学艺术；离开对于形象的感受想象，也就没有文学艺术的鉴赏。文学本身的特性要求，艺术鉴赏必须从作品的形象出发，以形象给人的感受想象为依据。这是语文阅读鉴赏活动的一条基本规律。

因此，品味语言需要驱遣想象。"忽如一夜春风来，千树万树梨花开。"《白雪歌送武判官归京》，岑参把边塞大雪想象成"梨花"，何等奇丽。"且就洞庭赊月色，将船买酒白云边。"（《陪游洞庭》）李白看到洞庭月好，竟然想到"赊"它的月色，又是何等潇洒！

譬如，鉴赏学习李白的《将进酒》。诗的开头雄浑壮阔，黄河自天而来，一泻千里。"君不见，黄河之水天上来，奔流到海不复回。"如挟天风海雨一般向读者迎面扑来。"天生我材必有用，千金散尽还复来"，多么洒脱豪迈！只有李白才有如此的洒脱，失意之时，有"举杯邀明月，对影成三人"的情思；只有李白有如此的才情和自信，心与行不为金钱所奴役，反而生发出"千金散尽还复来"的豪言壮语，如此豪情，造就了他"曩者游维扬，不逾一年，散金三十余万"；如此的豪情，让世间一切凡夫俗子咋舌。《将进酒》中，最令人心动的一句恐怕便是"古来圣贤皆寂寞，唯有饮者留其名"。圣贤与饮者的差别道出了李白心中的无奈。圣贤，世人皆醉我独醒；饮者，但愿长醉不复醒。一醒一醉之间，是李白一生的徘徊。从李白的作品中不断地想到、看到那个高歌着自我的李白。《将进酒》中李白高唱"岑夫子，丹丘生，将进酒，杯莫停"。我们想象：推杯换盏的席间，李白必是席中主角：欢饮达旦的朋友聚会，李白一定是众人目光的焦点。"与君歌一曲，请君为我倾耳听"，请你听我唱。面对权贵，他吼出"安能摧眉折腰事权贵，使我不得开心颜！"即使在朝堂之上，他也是要彰显自我，突出自我的。要不然怎么会有高力士脱靴，杨贵妃捧砚？

4. 体验生活，获得体会

具体品味语言还要注意调动生活经验，体会意蕴。叶老认为"单靠翻查字典，就得不到什么深切的语感，唯有从生活方面去体验，把生活所得的一点点积累起来。积累得越多，了解得就越见真切"，朱自清的《背影》中写父亲过铁道买橘子的过程的一段文字，只有充分调动读者的生活体验，才能更真切地理解文中所传达出来的父对子深沉的爱，子对父浓烈的情感。

5. 依托修辞，析得其情

朱自清的《荷塘月色》中"微风过处，送来缕缕清香，仿佛远处高楼上渺茫的歌声似的"，如何理解？这里朱自清运用了比喻的修辞手法，说得更具体些是通感，因为由"清香"到"歌声"，感觉发生了由嗅觉到听觉的转移。我们应从比喻的三要素入手，这句话的本体是缕缕清香（作用于人的嗅觉），喻体是渺茫的歌声（作用于人的听觉），喻词明显。从喻体切入，我们可以结合自己的生活经历，想象出远处歌声时断时续的特点，接下来抓住本体、喻体之间具有相似性这一规律，逆向领会微风中的馨香时有时无的特征，文中那如诗如画般的景致、内在的和谐的美表现得恰到好处了。

除常见修辞，还要注意反语、双关等重要的修辞。

（1）反语

又称倒反，即用正话反说或反话正说的方式把意思表达出来的修辞方式，它具有含蓄、幽默、耐人寻味的表达效果，又有辛辣的讽刺性和强烈的否定作用。需要我们在教学中细心揣摩。

（2）双关

又叫一语双关，即一句话有两个意思，一表一里，两个意思都是正确的。它是利用词语同音或多义等条件，有意使一个语句在特定的语言环境中同时兼两种意思，表面上说的是甲义，实际上说的是乙义，有些类似于一石二鸟、一箭双雕、指桑骂槐等。《红楼梦》中"将那三春看破，桃红柳绿待如何？把这韶华打灭，觅那清淡天和"。分析：此句中的"三春"表面指暮春，内含《红楼梦》一书中元春、迎春、探春三个人物的境遇。刘禹锡的《竹枝词》"东边日出西边雨，道是无晴还有晴"。"晴"表面上是说晴雨的"晴"，暗中却又是在说情感的"情"，一语双关。人们常常喜欢用双关语来弹奏活泼、幽默、俏皮、诙谐等的弦外之音，因为它言简意赅，能起到一种冷嘲热讽，形象生动，化抽象为具体等含蓄的作用，能使语言或文学作品充满韵味和增添艺术光彩。如曲波的《林海雪原》中"可是匪徒们走上几十里的大山背，他们没想到包马脚的麻袋片全烂掉在马路上，露出了他们的马脚"这句话，在阅读时不难感悟出"马脚"除了指马蹄，还暗指比喻义——破绽。

6. 抓住关键，拎得清中心

任何事物都有其关键处，如牵牛要牵它的鼻子，拎兔子要拎它的耳朵，打蛇要打其七寸，逮猫要揪住它的后脖的皮，等等。揣摩语言也一样，如果不知抓其关键，处处都去揣摩，一来劳神，二来理解不到精华。揣摩一篇两三千字的文字勉强可以，倘若是揣摩一部上百万字的《红楼梦》，恐怕连红学专家也未必能做得到。文章的关键处究竟在哪儿？句首、句尾、议论、抒情、语义含蓄、体现思路的句子都可能是关键句；句中的代词（如"这""这样"要注意它的指代内容）、动词、形容词、体现思路的语言标志（如"总之""因此"）等，都可能是揣摩语言时的牛鼻子，必须牢牢抓住。

有时注释中也有需要我们注意的关键语。文章的注释是作者或编者特加的，其目的自然是为了使读者更好地理解文体内容。我们揣摩语言时，不可对之视而不见。课文中关于背景、常识、典故、词语和文意的注释，也构成了文章的外部语境。考试中，凡文本外提供的注释都应特别加以注意，因为很多时候文后的题目会直接与这些注释的内容相关联，至少有赖于对这些注释内容的理解。

7. 析其语法，揣其真意

语文课程有五个学习领域：识字与写字、阅读、写作、口语交际和综合性学习。但真实的情况是，语文教学绝大多数的课时基本花在阅读教学上，也就是一篇篇课文的教学。课文是当下师生学习语文最重要的资源凭借。可以说，任何形式的语文课堂教学都少不了语言文字材料的依托。所以教师的教、学生的学就不得不依赖对语言知识（包括语法知识）的理解。

譬如有些句子很长，结构复杂，内容丰富，很难一下子把握句子的意思，就得用句法分析的途径去揣摩其中关键的词语，进而把握全句的意思。如果是句群或复句，应重点分析各句或分句之间的逻辑关系，在理清思路的基础上，去粗存精。如果是单句，则要分析句子成分，抓住主干。

第二节 思维发展与提升

一、语文思维的内涵和地位

思维在语文智能系统中处于核心地位。有一位科学家说，人类的一切活动都离不开思维，思维是智力的核心。一个不会思维的学生，不会是智慧的学生。语文学科听说读写的材料，存在大量思维能力的因素，当语文教学将目光从"三维目标"转向人的"核心素养"培养的深远处时，"语文思维"便更成为关键的选项。

很多学生和家长有这样的困惑，认为语文这门学科有点摸不着头脑，甚至是有点"玄"，尤其是阅读理解，一篇文章明明能够读懂，但是落实到做题上却很难拿分，不仅如此，看过答案之后，觉得答案"不过如此"，并不高深，自己也能理解，但是自己做的时候，却想破脑袋都想不出来。这是绝大多数学生学习语文的困惑，同时也让家长觉得语文辅导无从下手。作为以汉语为母语的中国人，语文学习存在这样的困惑，原因在哪里呢？关键在于孩子思考和做题的时候没有"语文思维"。

何为语文思维？语文思维是特指在语文行为、语文活动中的思维，主要包括阅读思维和写作思维。有语文专家提出，语文思维分两种：赋形思维和解读思维。其一，赋形思维，是对自己要表达的思想、情感、意思进行说明和阐释，相当于写作思维，写的过程就是一个将写作立意"赋形"的过程。其二，解读思维，就是理解文本的阅读思维，即通过解读、分析文本来理解作者意思的思维过程。教学中，解读一篇文章，了解这篇文章的内容和主旨并不是最重要的，最重要的是让学生站在更宽阔的立场理解作者的写作过程，从而深刻地把握文章的立意与表达。学生在学习课文时应学会解读文意与理解此文的写作思维、写作策略，同时形成解读理解的技能与经验。

叶圣陶先生历来重视"语文思维"。他认为"文章的思路从什么地方出发，怎样一步一步往前走，最后达到这条路的终点，都要踏踏实实摸清楚"。

语文教学的各项基本训练中，最重要的是语文思维训练。提高学生的阅读能力，关键在于使他们具有敏锐的思维能力、良好的思维品质和深广的思维空间。要达到这一目的，就要优化语文阅读教学，培养学生主动、积极地探究文本信息的习惯和能力。阅读教学中，教师要善于刺激反应，创造时机，唤醒、激活学生的思维，让学生自己去思考，去同作者进行思维碰撞和心灵交流，获得自我的丰富与发展。

思维力是发展学生语文学科素养的原动力。"思维的发展与提升"被列为语文核心素养的重要内容。越来越多的语文教师意识到，思维是阅读的核心与主体，贯穿阅读过程的始终。语文学习就是阅读思维的旅行，一方面是能将文字读懂，就是用思维去释义；另一方面是将读到的说清楚，就是用思维去表达。有质量的思维，是真正阅读的前提。因此培育和发展学生的思维品质，构建以思维为核心的阅读活动体系，是发展学生语文核心素养的重要途径。

二、重视阅读思维训练，提高语文核心素养

《中等职业学校语文课程标准》指出："学生通过阅读，受到感情熏陶，获得思维启迪，享受审美乐趣。"因此，培育、启迪和发展学生的思维品质，构建以思维为核心的阅读活动体系，是发展学生语文核心素养的重要途径。没有思维训练的教学，不可能成为智慧的优质的教学。譬如，教学文学作品，主要在于训练形象思维、辐射思维、创新思维，教学说明文、议论文则主要在于训练逻辑思维、辩证思维。

（一）阅读教学，须追求思维的深刻性

语文教学是学生、教师和文本之间的一个交流过程，它是人与文本的心灵沟通，是学生陶冶情操、提高语文素养的一个重要环节。所以要充分利用、挖掘课本的资源，通过对文本的学习，借以形成学生的语文意识，培养学生的语文能力，发展学生思维的深刻性，提高学生的语文素养。思维的深刻性是指善于钻研和思考问题，对事物的认识不满足表象，善于区分本质与非本质的特征，善于从看似杂乱无章的表面现象中抓住事物本质及其内在联系。

当然,深刻性的前提是准确性,离开了准确谈深刻,就没有多少意义了。譬如,教学《林教头风雪山神庙》一文,在思维训练上,便有思维的准确性与思维的深刻性两个探究点。

1. 思维的准确性

本文故事情节构思缜密,匠心独运:

其一,惊险悬疑,引人入胜。作品起初不明写陆谦等人的密谋,只是隐隐约约地透露出一点线索,引起人们的猜想和推测;中间叙述管营对林冲的抬举,进一步引起人们的悬念;最后通过人物自身的言语把阴谋全部揭穿。这样布局,波澜起伏,曲折离奇,能吸引读者,增强艺术效果。

其二,构思谨严,前后照应。例如,关于时间的交代,作者首先点明季节是冬天,然后用"忽一日""次日""三五日""到第六日"以及"当晚""天明""天色黑了"来标明故事发生的时间。再例如,开头写林冲偶遇李小二,与李小二有旧交,又常去李家走动,后面写陆谦等人在店中密谋被李小二识破并转告林冲,就显得自然。再例如,关于火、武器、草屋、吃酒的描写,前面写火盆内火种被雪水浸灭了,后面写草料场起火,才会使人相信是有人故意纵火而不致误解是火盆失火;前面写林冲买了解腕尖刀,去草料场又带了尖刀,拿了花枪,后面写报仇雪恨正是用这两件武器;前面写草屋崩坏摇动,后面写被大雪压倒;前面写老军借给林冲酒葫芦,介绍酒店的所在,后面写林冲去酒店沽酒,就显得自然、合理。

2. 思维的深刻性

课文怎样刻画林冲性格的转变的?这个问题的探究离不开教学者"两难思维"的导读。

林冲被刺配到了沧州牢城,由于柴进的书信,他暂时在牢中过得还不错,也只等着有一天遇赦,便回东京"依旧夫妻团圆"。然而高俅仍不放过他,派陆谦和富安来谋害他。林冲得李小二报信,"大怒","先去街上买把解腕尖刀,带在身上,前街后巷一地里去寻",团团地在街上"寻了三五日,不见消耗,也自心下慢了",只盼无事便好,存在侥幸的心理。管营、差拨暗中使计,将其调至草料场,欲加谋害,林冲虽然也心中生疑:"不知何意?"但到了草料场便随遇而安："这屋如何过得一冬？待雪晴了，去城中唤个泥水匠来修理。"路过山神庙，还祈求神明庇佑："改日来烧纸钱。"到酒店打酒，"留下些碎银子"，准备他日再来。可见，他打算在此长住。听得草料场火起，还是没有忘记自己的职责，"便拿了花枪，却待开门来救火"。以上描写说明，此时的林冲仍然全无反叛之心。

直至陆谦等三人在庙门外议论吐露出全部阴谋，林冲才猛然醒悟：高俅必欲将其赶尽杀绝，置之死地。草料场一场大火，林冲纵然侥幸没有被烧死，求生的路也被烧断了。这便是陆谦等人所说："便逃得性命时，烧了大军草料场，也得个死罪。"林冲横竖是没有活路了，于是压抑在心中的深仇大恨犹如火山爆发，冲天而起。在一逼、再逼、三逼，直至陷入走投无路的绝境之中，林冲才终于丢掉了所有的幻想，奋起反抗，像一头愤怒的雄狮，顷刻间杀了陆谦三人，宣布了他与古代统治集团的彻底决裂，最终"被逼"上了梁山。

这里，教学者尤其需要引导学生林冲"被逼"的"两难思维"分析，以求得语文思维的深刻性训练：迫害者给林冲设了一个"温柔"的陷阱——安排他看守草料场；然后选择一个风雪交加之夜纵火焚烧草料场。按照他们的如意算盘，林冲不是被烧死，就是被判死罪。其推理过程可表述为：如果林冲在草料场，那么必定被大火烧死；如果林冲不在草料场，或者在草料场却侥幸逃生，但是草料场被烧掉了，林冲这个看守者自然是逃不了干系的，必定被处死；所以，不论林冲在草料场还是不在草料场或者是在却侥幸逃生，他都必死无疑。

迫害者用这个"两难思维"置林冲于死地，陆谦等三人在山神庙门前观看火海般的草料场时，差拨的一番话交代得很清楚："小人直爬入墙里去，四下草堆上点了十来个火把，待走那里去！""便逃得性命时，烧了大军草料场也得个死罪！"在这样的情势下，因两间草厅均被大雪压塌而被迫夜宿山神庙的林冲，性格发生根本转变就是必然的了，他别无选择，只有一条路可走，那就是彻底丢掉对高俅及其爪牙所抱的幻想，与逆来顺受、委曲求全的性格决裂，奋起反抗。于是，林冲毅然手刃仇人，然后"一走了之"，雪夜上了梁山。

"两难思维"分析，不仅可以加深对高俅等人凶残本性的认识，准确理解并把握促使林冲性格发生转变的"逼迫"二字，而且可以从中接触一些严密而有趣的逻辑知识，以提升语文的素养。

（二）阅读教学，须追求思维的广阔性

有人曾将思维划分为：辐射思维、辐合思维与创新思维三种。按此分类，来自外国的这一则思维训练应该属于"辐射思维"训练吧。

何为辐射思维？辐射思维犹如太阳的万丈光芒射向四面八方。它是根据已有信息，从不同角度不同方向思考，寻求变化多姿答案的一种发散性思维方式。"横看成岭侧成峰，远近高低各不同"就是这种思维的形象写照。其实，语文水平高低，是否具有创造力，发散思维能力强弱是一个重要的衡量标准。如果学生在听说读写、课堂内外、学习生活中都能有意识从多角度、多途径、不同层面、不循常规去观察分析，就能从多种可能性中筛选出最佳答案，发现别人没有发现，解决他人不能解决的问题。

何为辐合思维？辐合思维是指思维根据众多已有信息，向某一方向思考，力图得出一个符合逻辑的正确结论。它是一种有方向、有条理的收敛性思维方法。在平时的教学中，要求学生归纳段意，提取主要内容，概括中心思想，都是对已有的众多信息，经历了分析比较，到朝一个方向综合概括的思维过程，是辐合思维的训练体现。写议论文时各类事例的旁征博引都是力图做出合理推断，阐明某观点也便是辐合思维。

（三）阅读教学，须重视培育思维的质疑精神

爱因斯坦说："提出一个问题往往比解决一个问题更重要，因为解决问题也许只是一个数学上或技能上的实验而已。而提出新的问题，新的可能性，从新的角度去看旧的问题，却需要有创造性的想象力，而且标志着科学的进步。"

我们古代就有"学启于思，思启于疑"的优秀教育观点。我们都认识到：一堂好课往往起源于一个好的问题，一个优秀的学生往往也在于他提出一个很有价值的问题。但是在落实到教育实践中的时候滞后了一步。

有人曾经说：中国的传统教育是教育学生适应世界。大家想一想，中国的父母、老师、校长教育学生都是"你上课要认真'听讲'，要听老师的话"。请注意是认真"听讲"，而不是教孩子"你上课要认真"提问，家长、教师下课后与学生交流张口也是"你今天学得怎么样？"而不是"你今天问得怎么样？""提

了多少问题？"——长此以往，造成怎样的后果？不得不引起我们深深的思考。

《中等职业学校语文课程标准》提出，对课文的内容和表达有自己的心得，能提出自己的看法和疑问，并能运用合作的方式，共同探讨疑难问题。素养教育时代，我们的教育应以激发学生产生问题始，以产生新的问题终，从小培养学生的问题意识、怀疑精神和创新能力。关注、呵护、鼓励、引导、培养学生的问题意识，即质疑行为。

创新思维，具有创新价值。创新，就是弃其糟糠，扬其精华，推陈出新；创新就是打破常规，另辟蹊径；创新就是破旧立新，独立创造；创新就是说别人未说的话，想别人未想的问题，走别人未走的路，做别人未做的事儿。

当然，值得指出的，"质疑思维"应注意过程推理及结果的正确性与逻辑性，摒弃牵强附会，钻牛角尖。

三、人本教育，让语文思维素养更好地落实

教育与教学是相通的。教学常常需要教育开路。意识不变，任何力量都深化不了教改，也落实不好核心素养。改变思想意识，则需要让思维返璞归真，探溯教育的本源。教育的初衷，不在知识，不在乖与不乖；而在教人识事做人，体悟人生，以人为本，迁善生命，激发生命的潜能。教育是温情的，灵性的，自然的，感召的。

（一）教育的温情，启示语文教学需要情感思维

诗人白朗宁说："他望了她一眼，她对他回眸一笑，生命突然苏醒。"这种让生命苏醒的美好情愫，便是教育的原汁！它带着温柔、刚毅，向着博大、庄严；充盈着智慧，发散着灵性。在春风化细雨中，在润物细无声中，教人识事做人，体悟人生，迁善教养；提升人格，激扬生命！它是温情的，灵性的，有淳朴自然之美，充盈感召生命之魅力，使之焕发葳蕤的生机！要是这样，还有哪一朵茉莉不温馨？这便是教育教学的温情。

同样，语文教学中，教学者的一个智慧的点拨，一个回眸微笑，便是对学生思维的有效启悟。诗人说，一缕阳光，可以照亮一个黯淡的生命。这"一缕阳光"，也许是教育者一张灿烂的笑脸，也许是一句简单的鼓励，也许是一份基本的关

爱，也许是一声善意的提醒。很多时候，滋润人的心田，点亮人的心灵，无须奉上一个太阳，有"一缕阳光"的温情就足够了，语文课堂正需要有"一缕阳光"的温情的点拨。

温情的思维点拨，离不开对生命的尊重。屠格涅夫之于乞丐的故事，耳熟能详，一句"对不起，兄弟，我什么也没带"，竟让老年乞丐热泪纵横、感动不已，生命复苏，随着课程改革的深入，情感交流，尊重教育越来越受到人们的重视，在语文教学中表现得更加明显。语文教材中，所选的每一篇文章均为文质兼美的佳作，无论是文字的锤炼，还是内容的表达、情感的抒发，都表现出一种至高的审美。特别是在文章字里行间流露的情感，是作者对社会和生活真实的体验，闪烁着圣洁的人性美。教学中必须抓住教材精华，对学生实施有效的情感教育。

（二）教育的宽容，启示着语文教学需要生成教学

在落实语文核心素养的教学过程中，教师应善于利用各种积极因素，及时捕捉教学生态资源，并充分加以利用，努力建构生成性语文课堂教学模式，促进课堂教学焕发生命的活力。语文课堂上，优秀的老师总会设计一些比较灵活的，而又具有很大争议的问题，学生回答时会见仁见智，但也有学生故意出丑，也有的借题发挥说一些奇谈怪论，面对这样一种情况，教师应如何来做呢？如果我们一棒子打死，很可能会挫伤学生的积极性，今后他们不再愿意发言，很多时候他们是被课堂活跃的气氛所感染，口无遮拦；有时也是他们的思维跳跃性太大，才对课文引发了这样的联想。教师有时也不妨把它看成是一种独特的视角，教师也可以借题发挥，甚至设置成相反的观点让学生争论，会有意想不到的效果，不但解决了问题，也调动了学生的积极性。教师一定要利用好这一生态资源。这样课堂气氛就会活跃起来，同时也给学生信心，让他们思考，自己去解决问题。教师如果一味指责，也不给学生一个理由，会让他们感到索然无味。课堂上，我们要有一种民主平等的作风，包容学生，海纳百川，有容乃大。因此，教师要在课堂上努力营造一种宽松、民主的学习背景和情感氛围，激发学生的学习兴趣和参与意识。

总之，落实语文核心素养，要求我们的课堂要有变化，要活跃，教师要努力从演员向导演转变，变成导演也就盘活了课堂。课堂上不单要有教师提前预

设的问题，更重要的是还应有生成性的问题。我们要让课堂成为一个生成性的课堂，不只是老师的探究，更是学生对问题的探讨，在讨论中、研究中来深化我们对课文的理解。

（三）教育的灵性，启示着语文教学需要智慧教学

教育的原汁，没有硝烟味，温情中散发着灵性，犹如绣洞成花。即将参加演出的女儿，衣服上划破了一个洞，赶做一件来不及了，女儿急得要哭，咋办？母亲在划破的地方绣上了一朵花。伤心的女儿露出了微笑，演出成功了！这便是"绣洞成花"。它饱含着修复生命的智慧。康德说："人世间有两样东西令我敬畏：一是头顶上无比深邃的星空，一是人间道德法则。"教育的使命，是对世界的认知和审美，对人格的塑造和升华，对心性的迁善与诗化，这些任务，都需要睿智与灵性。绣洞成花的意义，在于机智地抚慰与拯救了一个感伤、失望的心灵。学生犯错，就好比衣服上划破了一个"洞"，并非大碍，关键在于教育者对"洞"会做出怎样机智的处理；故事中的母亲用她的智慧让破衣重新绽放光彩。

俄国大文豪屠格涅夫去劝告一位与人争吵而异常愤怒的人。屠格涅夫摸摸那人的胸口说："朋友，在开口之前先把舌头在嘴里转它十圈吧。"然后平静地说："朋友，发怒是用人家的错误惩罚自己。愤怒以愚蠢开始，以后悔告终。""这世上没有医治后悔的药，如果你想拒绝后悔，那就从练习舌头转圈开始吧。"精妙的格言避免了异常无谓的争斗。

（四）教育的自然，启示着语文教学需要生活教学

教育的原汁，没有荒凉味，灵性中呈现着葳蕤，犹如百草花园。

两千多年前，孔子问志。曾皙的"暮春者，春服既成，冠者五六人，童子六七人，浴乎沂，风乎舞雩，咏而归"，让孔子赞叹不已。美，即教育，未来的教育学必将是美学。孔夫子与众弟子共坐，一句"以吾一日长乎尔，毋吾以也"，带着平等对话，带着随意轻松，真正的教育就从这里开始了。

想起鲁迅先生《从百草园到三味书屋》里葳蕤的百草花园。那单单是景物吗？"碧绿的菜畦，光滑的石井栏，高大的皂荚树，紫红的桑葚"，一个个不同的事物、不同的形象，迅速地不间断地呈现在我们的面前。"鸣蝉在树叶里长吟，

肥胖的黄蜂伏在菜花上，轻捷的叫天子（云雀）忽然从草间直窜向云霄里去了。"视觉、听觉一起活动着，声音和形象一起呈现着，动态和静态同时被我们感知着，一个生动活泼的世界，一个丰富多彩的大自然展示在我们面前，百草园，真是少年鲁迅的乐园。

第三节　审美鉴赏与创作

一、语文教学中的美育教育

高尔基说："艺术的精神是力求用词句、色彩、声音把你的心灵自豪的、优美的东西都体现出来。"这便是语文的"出发"。《学记》云："善歌者使人继其声，善教者使人继其志。"语文教学就是一种"继其声，继其志"。倘若语文有"心"的话，美感便是心海里一圈圈衍射的涟漪，荡漾成语文艺术，孕发出生命美育。语文美育是艺术的奇葩。语文美育渗透语言学所有的学科和领域。

（一）培养美感美识，托住美育的苹果

美育，它的本质在于理解自然和社会的美，理解人与人的相互关系美，在于以艺术的眼光来认识周围现实，也在于培养艺术的美的创造力。语文课程，美源泓泓，呼唤美的感知。一个人有多少的语文感知，他便有多大的美的享受。

其实，在语文世界里，苹果也是常有落下的。落在曹氏父子头上，成就了建安文学；落在苏轼稼轩头上，开创了豪放词风；落在李白杜甫头上，成就了一代诗仙诗圣；落在姚鼐方苞们头上，成就了桐城流派。现今语文界不是没了苹果，而是缺了美的感知。

（二）剖析人性之美，迁善学生的情感

既然文学着眼于人，就无法不写人性。无情未必真豪杰，怜子如何不丈夫。人性的复杂无不由情感来体现：悲愤、喜悦、恼恨、迷恋、凄楚、悲苦，作品里的爱愁情恨是永远不会过时的。郭沫若说："一切都在爱欲中燃烧。"语文美育在于让学生体味最高尚的情感，以唤起对生命、对世界的博爱。

欧·亨利的《最后的常春藤叶》。哀莫大于心死，对凄风苦雨的世界已不再抱希望的琼珊，把这最后的藤叶作为生命的征兆，作为最后一丝与世界的微弱牵连，作为放弃生命的理由，她甚至等得心焦，想"像一片没有生命力的败叶一样，往下飘"，飘向那未知的永久黑暗。贝尔曼，一个有点让人讨厌的老画家，以金子般的爱心艺术地托住了"飘落"的叶子。其实，我们每个人何尝不是都需要老贝尔曼这样的常春藤呢？贝尔曼永远不会死，他的灵魂，他的整个生命之光，都集结在了常春藤叶上，永远拯救着人们，这不是阅读，而是情感的迁善。

爱，是成就辛格《山羊兹拉特》这一名作的重要因素。没有小皮匠全家与善良、温顺、本分的山羊兹拉特之间的深情厚爱，也就没有小说的感人。是啊，"爱是双向的"，当小说开端决定将山羊卖到城里时，爱的情感流向是小皮匠全家指向兹拉特；天降大雪，阿隆处于饥饿边缘时，兹拉特不但以乳汁维持了阿隆的生存，"咩咩"的亲情鼓励更给孤独的阿隆以爱的慰藉。

苏霍姆林斯基的教诲：让我们教会学生思考，在他们面前展开思维的最初源泉——周围世界；让我们把人类最大的欢乐——认识的欢乐给予学生。思维的灵魂是审美，审美的结果为理智。

总之，"所有事物都有生命，问题是如何唤起它的灵性"，这是加西亚·马尔克斯在《百年孤独》中最令人难忘的句子之一。语文美育就在于思维的审美的这种"唤起"！教学如能抓住生命美育这一轴心，从美的感知、美的参悟及人性迁善等角度，重视当下语文日益虚化的生命美育。那么，语文核心素养的落地便不至于迷失方向，整个教育教学也不至于迷失方向。

二、审美视域下的写作教学

（一）作文之美，美在教学生有话可说

作文，就是教学生用笔"说话"。怎么说话？"表现"与"表达"。所谓表现，就是用笔写出自己的思想感情、理性思辨与价值判断等；所谓表达，意即把话说明白、准确、生动。作文教学的目标，无非就是做到这两点。

写作教学是否过于强调技巧训练，缺少让学生真情"表现"？指导者总喜欢在审题、立意、选材、列纲方面花费精力。有的老师甚至一篇文章多少"阶"，

多少"步"，说多少话；开篇用什么修辞，结尾用什么句式；某处是例证，还是说理，都规定得一清二楚。这种越俎代庖的直接结果，是写作主体的缺失，学生只会在老师预设的框框里填"话"。他们为了文采，寻章摘句，泛用修辞；为了论证，东拼西凑，搜罗素材。久而久之，自然也就写不出"诚实的、个性色彩的话"了。

让学生有话可说，就得让学生表现，鼓励学生说话，用心说话；说个性色彩的话，说意蕴深刻的话。古人所云"丈夫诗胆大如斗""文章自得方为贵"，说的就是这个道理。

众所周知，语文核心素养的核心命意是以人为本，教学要着眼于"人"的发展。因此，写作教学形式上是对话，本质上是激活。与其给学生以种种"技法"指导，还不如带学生去校园内外转转，去草坪上坐坐，聊聊天也好。诱导大家对某个东西七嘴八舌地议论。再要求学生把这些自然情境下产生的"说话"，用恰当的文字记述下来，也许就是一篇很有情趣的习作了。对于学生写下的话，先不求准确，不求连贯，不求逻辑，不求优美。只求诚实，有思想，有个性。老舍在谈到写作诀窍时，有一句经典的话："无须矫情，怎么说，就怎么写。"一言中的，说的就是这个道理。

（二）作文之美，美在激活学生的思维

激活学生的思维，赠学生"行走"的拐杖。

生活中，我们应对世事，需要有足够的智慧，这智慧，就是人们常说的思维。李白的诗篇充满旷达与神奇的想象，"天生我材必有用，千金散尽还复来""黄河之水天上来""蜀道之难，难于上青天"，甚至连人的头发也是"朝如青丝暮成雪"，这些无一不是激活思维的结果。

因此，作文教学离不开思维的启迪。离开了思维真实的表达，作文语言不再是生活本真的表达。文章的准确性，体现在思维的明晰性；文章的层次性，体现在思维的条理性；文章的周密性，体现在思维的逻辑性；文章的生动性，体现在思维的形象性。思辨类任务驱动型作文更是呼唤"批判性思维"的培养。

当然，"批判性思维"的培养，的确很重要，但不是说培养就能培养得起来的。我们的老师往往一方面急功近利地让学生"学批判"，同时，又惯用规范性道

德来"裹挟"学生思维，怕跑题而让学生沿着既定思维的轨道走，让学生成为自己审题"附和"与"帮腔"。这样指导，其结果可想而知。罗曼·罗兰说得好："一个人只能为别人引路，不能代他们走路。"学生有的似乎已习惯于这种"服从性思维"，已变得不会"走路"了。

对于"批判性思维"的培养，可先不谈"批判性"，而倡导启发性、思辨性。从启发提问、引导讨论、自由探讨、生成互动开始。鼓励学生在尊重的基础上分析、批评并提出自己的观点。如果能够在引导分析问题时，引导学生看到事物的正面、反面，主流、支流，长处、短处，用全面、联系、发展的眼光看问题，那么学生的作文更将因为融入了哲理而提升档次。

孔夫子与众弟子共坐，一句"以吾一日长乎尔，毋吾以也"，带着平等对话，带着随意轻松，真正的教育就从这里开始了。我们为什么做不到？平等对话，激活思维，就是教师需要赠送给学生行走的"拐杖"。

（三）作文之美，美在提升思想

人的健康，离不开思想健康、审美健康；作文的升格，也离不开思想迁善！人与人的不同，更多的不是外貌；文与文的不同，更多的也不是技巧。文以意为先，优秀的作文，总是思想深刻，见解新颖，体现正能量的。

一个开车司机，他有高超的驾驶技术，顶多只能说他有能力；但是如果他不愿礼让行人，那就是没有素养了。一个没有素养的司机，永远只是危险品。能力再好有何用？一篇没有素养的作文，永远是一篇"问题作文"。丢了"心"的文字，再美又有何用？因而，写作指导，教师需要用积极向上的美学思想，去引导追求学生高尚的人格情操，努力将伦理道德、价值规范、行为准则等优秀的文化元素蕴含在语言文字当中，建构积极向上的精神境界。积极鼓励学生说话，用心说话，说个性色彩的话，绝非是指随心所欲的胡话。

阅读是写作的前提。提升思想，完善人格，就得引导学生通过阅读走近思想大师，以扩大自己的境界，疏通思想的源泉。文学里、历史中，现实中，古今中外总不缺卓有成就的人，也不鲜生活的智慧与生命的感悟。这些感悟浸润着他们人生的经验，沉淀着世界观、人生观。

（四）作文之美，美在丰富的人文

源于智慧，并形成智慧之流，此乃一种思想。被那个苹果砸过脑袋的牛顿说得好，他的那些成就是"站在巨人的肩膀上获得的"。虽说是伟人的谦逊，但是也泄露了一个人成就伟业的秘诀：借助巨人的智慧、思想，走到巨人的前面。中华文化博大精深，充盈无数优秀的思想。感知它，亲近它，传承它，野蛮就会变得文明，狭隘就会变得开阔，愚昧就会变得聪慧，庸俗就会变得崇高。

一个国家，一个民族，当经济发展达到一定的程度时，必将致力于精神的重塑和文化的传承，意在通过文化传承来熏陶人、教化人。我们正处于这样一个时代！这个时代要求新一代传承文化，构筑精神家园；要求作文教学引导学生将先人之璀璨的文化、圆通的智慧、生动的人格，以及庄子的逍遥自在，屈原的爱国情怀，司马迁的忍辱负重，岳飞的精忠报国等优秀的文化元素都融进语言文字当中去，丰富人文，以打造生命的底座。

一句话，真正的写作指导，要使写作者看到自己的内心。只有经常看到自己内心的人，才能提高理性思辨的能力，心灵才不会荒芜，并且能走向轻盈与成熟。写作才会真正向前推进一大步。

三、谈古诗词文本审美鉴赏与创造

语文课的许多古诗文教材，以生动的生活情趣、丰富的人物形象、优美的语言形式反映生活中的美好事物，表达作者强烈的爱憎好恶的情感，给人以道德上的启迪，文化上的传承。

一个能欣赏美、理解美、创造美的人，必定有丰富的精神生活和高尚的道德情操，能朝气蓬勃地从事各项社会活动。语文教学中的美育渗透，主要在于激发学生自觉地去发现美、欣赏美、接受美，即审美鉴赏与创造。

（一）古诗词解读，运用审美鉴赏与创造的意义

审美鉴赏与创造包括三个方面的内涵：体验与感悟，欣赏与评价，表现与创新。从这三个方面看，审美鉴赏与创造也就是要求，一是要求学生能感受到汉字独特的美，表现热爱祖国语言文字的感情，二是感受语言文字所表现出的形象美和情感美，三是能够运用祖国语言文字表达自己的审美体验，表现自己

对美好事物的情感、态度和观念，表现和创造自己心中的美好形象。所以在进行文本解读时，注重审美鉴赏和创造的理念，能够从审美的角度观看文本，从审美的角度备教材，备学生的审美能力。

中国是诗的国度，中国文化是诗性文化，是美丽的诗歌养育了中华民族。孔子曰："不学《诗》，无以言。"诗可以兴，可以观，可以群，可以怨。诗歌是中国文化的重要载体，是中国人情感的重要抒发方式，凝聚了中国人传统的审美思维。如中国人讲究含蓄美，古诗词就是含蓄美最好的体验，古诗词写作上的化实为虚，言此即彼的手法，遣词造句的凝练、考究，都是含蓄美的表现。诗歌的言语表达表现了汉字独特的美感，通过语言文字所塑造的意象、意境往往又与诗人的情感相交融，构建了美的意象世界。如宗白华说："主观的生命情调与客观的自然景象交融互渗，成就一个鸢飞鱼跃，活泼玲珑，渊然而深的灵境。这就是美。"

因此，古典诗歌是诗人的情与景、心与物相互交融而形成的，它是一种感性形象，它需要感性认识和情绪体验。王国维《人间词话》"境非独景物也，喜怒哀乐亦人心中之境"说的也便是诗的"意境"。如果教师没有美的鉴赏与创造，在教学过程中只注重支离破碎地分析和指令包办，学生就会兴趣寡然，更谈不上去体味挖掘诗的意境美了。教师要根据古诗的体裁特点，采用形象的教学方式，充分挖掘古诗中的美育因素，引导学生全身心地投入，尽情地感知、领略和欣赏美的情愫，从而培养学生健康的审美情趣，提高鉴赏美的能力。

（二）重视意境美，能促进审美鉴赏与创造能力

"意境是客观（生活、景物）与主观（思想、情感）相熔铸的产物。意境是情与景的结晶。"在文学作品中，它是作家描绘的生活图景与表达的思想感情有机融合而形成的一种艺术境界。"它或许是一个场面，或许是一种氛围，或许是一种情调。

1. 意境美体现于意象美

意象，是指包含作家思想感情的诗歌形象，它是诗歌表情达意的最小单位。而意境则是由一个个意象构成的，它不但给人以想象的时空，而且激励人的情感，给人以启示。在中国古代诗歌中，诗人描绘大自然景物时，善于捕捉典型"形象"

入诗，"随物赋形，敷色设彩"。因此读诗不但要读，还得要冥想。

譬如，杜甫的"细雨鱼儿出，微风燕子斜"一句。由"细雨""鱼儿""微风""燕子"等意象构成，几个意象表现出来的特点是轻盈、活泼，富有柔美感。鱼儿在毛毛细雨中摇曳着身躯，喷吐着水泡儿，欢欣地游到水面来了。燕子呢，轻柔的躯体，在微风的吹拂下，倾斜着掠过水蒙蒙的天空，这是历来为人传诵的名句。诗人遣词用句精微至此，为人叹服。"出"写出了鱼的欢欣，极其自然；"斜"写出了燕子的轻盈，逼真生动。诗人细致地描绘了微风细雨中鱼和燕子的动态，其意在托物寄兴。从这两句诗中，我们不是可以感到诗人热爱春天的喜悦心情吗？这就是所谓"缘情体物"之工。尾联呼应起首两句。以"城中十万户"与"此地两三家"对比，更显得这儿非常闲适幽静。

又譬如杨万里的"接天莲叶无穷碧，映日荷花别样红"诗句。西湖美景历来是文人墨客描绘的对象，杨万里的这首诗以独特的手法流传千古，值得细细品味。"毕竟西湖六月中，风光不与四时同"，首句看似突兀，实际造句大气，虽然读者还不能从中领略到西湖美景，但已能从诗人赞叹的语气中感受到了。这一句似脱口而出，是大惊大喜之余最直观的感受，因而更强化了西湖之美。果然，"接天莲叶无穷碧，映日荷花别样红"，诗人用一"碧"一"红"突出了莲叶和荷花给人的视觉带来的强烈的冲击力，莲叶无边无际仿佛与天宇相接，气象宏大，既写出了莲叶之无际，又渲染了天地之壮阔，具有极其丰富的空间造型感。

卞之琳的《断章》"你站在桥上看风景，看风景的人在楼上看你。明月装饰了你的窗子，你装饰了别人的梦"，正是诗人通过诗化的日常生活语言和意象的排列与组合，表达了自己独特的人生体验和情绪。

2. 意境美体现于含蓄美

意境的含蓄美在中国古代诗歌中就是"状难写之景如在目前，含不尽之意见于言外"。正如王国维所说"意境中的含蓄，使人感到言有尽而意无穷"，意在言外，使人思而得之"诗犹品酒贵含蓄"，往往给人一种"语语明白如话，而言外有无穷之意"。正好像白居易在《琵琶行》中描写琵琶女"千呼万唤始出来，犹抱琵琶半遮面"一样，抛开琵琶女的身份、心情等因素，单这种出场，就给人一种朦胧、模糊的美感，而且能引发读者的想象。

正好像李煜的《虞美人》"问君能有几多愁，恰似一江春水向东流"，这一比喻句形象生动，恰切自然，它不但寓抽象于形象中，而且引发人们感慨——流水不复，时间已逝，青春易老，往事难追，这种种情思交合扭结，不正构成了人生的大课题：生活！这也正是诗歌含蓄美的艺术魅力所在！

3. 意境美体现于画面美

譬如王勃的"落霞与孤鹜齐飞，秋水共长天一色"一句。

它描绘了一幅色彩协调、动静搭配的彩色图画。背景是碧水连天，绚丽的晚霞映照在碧绿的江水中，江渚之上，有几只灰白色的野鸭时翔时集，诗人在落霞孤鹜齐飞的动景中，勾勒出一幅宁静致远的画面。青天碧水，天水相接，上下浑然一色：彩霞自上而下，孤鹜自下而上，视野开阔，相映增辉。"秋水长天""霞鹜齐飞"，动静结合，以动衬静，上句着重于目随景而动，下句着重于心因景而静。

落霞不落寂，孤鹜不孤独。"落霞与孤鹜齐飞，秋水共长天一色"，不仅描绘了一幅美而真的深秋夕照图，更是诗人宽广的胸襟、旷达的人生观及心灵悸动的真情流露，是诗人自身形象的"映射"，使读者与年轻诗人的心旅共舞。与唐代崔颢吟咏黄鹤楼"黄鹤一去不复返，白云千载空悠悠"、宋代范仲淹慨叹岳阳楼"先天下之忧而忧，后天下之乐而乐"有着异曲同工之妙，令人胸襟开阔，心旷神怡，令人惊叹：不知是滕王阁成就了王勃，还是王勃成就了滕王阁？

4. 意境美还体现于无理而妙美

在中国古典诗歌中，意境美往往表现出无理而美的审美效果。这正如中国古代诗歌理论中所说的"无理而妙"。李白那"黄河之水天上来，奔流到海不复回"的气势，这从理性的角度来说，能讲得通吗？其实，这种无理而妙就是体现出了诗歌的情感特征。李白在《金乡送韦八之西京》中写道："狂风吹我心，西挂咸阳树。"由于诗人心向长安，希望狂风吹到长安去，可是中途挂在树上。客观上说，是不符合生活逻辑的，心能挂在树上吗？显然不能。但，也只有这样写，才能突出地表现诗人思念之情的悠远深长，无所不在。

第四节 文化传承与理解

一、语文教学须感悟传承博大精深的中华文化

世界上任何一个民族，要想自立于世界民族之林，必须具有自己独特的文化，中华文化经典中蕴藏着中华五千年历史智慧的精髓，它构成了我们精神生活的客观环境，它积淀着中华民族最深层的精神追求，它代表着中华民族独特的精神标志，它维系着中华文化之根，它为中华民族生生不息、发展壮大提供了丰厚滋养。譬如，"天行健，君子以自强不息。地势坤，君子以厚德载物"，语出《易经·象辞上》。上句意为，天道运行周而复始，永不停止，不可阻挡；君子当效法天道，自强不息，奋发不息，唯有如此，才能使自己常处于不败之地。下句意为，大地的气势宽厚和顺，君子应增厚美德，容载万物。千百年来成为鞭策激励人生的经典用语。

（一）传承文化才能开辟未来

当代中国是历史中国的延续和发展，当代中国思想文化也是中国传统思想文化的传承和升华，要认识今天的中国、今天的中国人，就要深入了解中国的文化血脉，准确把握滋养中国人的文化土壤，传承优秀的中华文化。不忘历史才能开辟未来，善于继承才能善于创新。优秀传统文化是一个国家、一个民族传承和发展的根本，如果丢掉了，就割断了精神命脉。要善于把弘扬优秀传统文化和发展现实文化有机统一起来，紧密结合起来，在继承中发展，在发展中继承。任何民族的文化，都是人的社会化产物，都是人的社会实践和社会意识的能动表现，而且也都是传承的结果。

在落实语文核心素养的今天，语文老师尤其需要懂得传承文化。中国是文明古国，中华民族是一个拥有几千年灿烂文化的民族，其传统文化源远流长、博大精深："仁、义、礼、智、信"的做人教养，风、骚、赋、文，唐诗、宋词、元曲的古典文学，都是中华瑰宝！语文是文化的载体，语文教材中有不少蕴含传统文化的名篇佳作。比如古体诗词、古代散文、小说，等等。这些篇目既体

现了中华民族五千年文明史上辉煌的文化成就，也传递着优秀的传统文化的精神内涵，是我们对青少年学生进行传统文化教育的第一手资料。

语文教学传承文化，就是要引导学生理解中华文化的博大精深，感知岁月的凝重，参悟历史的真谛，从中领略古人的智慧文明。不忘本来才能开辟未来，善于继承才能更好创新。对历史文化特别是先人传承下来的价值理念和道德规范，要坚持古为今用、推陈出新，有鉴别地加以对待，有扬弃地予以继承，努力用中华民族创造的一切精神财富来以文化人、以文育人。

（二）语文教学需要打开古典文学之门

语文是文化的载体，语文之于文化传承，具有十分重要的意义。作为民族的母语教育，它传承着中华民族的文化、历史传统，负载着中华民族的情感、思想和哲学，饱含着独属于中华民族的精神和智慧，是民族凝聚力的纽带，是民族继续生存的动力。

横贯五千年的光辉灿烂的古典文学，铸就了华夏民族赡厚的文化史。打开古典文学，你就犹如进入了知识的宝库，让你大开眼界，让你如饥似渴，让你得到一把把开启智慧的钥匙，空虚、无聊、肤浅、骄躁将离你而去，你的精神将得到大的升华。从古典文化中，我们可以知道如何励志、历练、学习、生活、审美、健身、医疗等。同时，古典文学兼跨德育、智育、美育三大范畴，蕴含着中华民族特有的精神基因，孕育出无数中华英才，千古风流人物，他们使中华文化屹立于世界文化之林且至今深深影响着中华民族的道德情操和中国人的人格智慧。

古典文学不仅在历史上发挥了巨大的作用，今天通过学习仍是受益匪浅。老子的《道德经》能够培养我们的哲学思想，增强自身的修养。孔子思想是中华民族文化的重要组成部分，它指导着我们的学习、生活，是作为人的道德准则。而《孙子兵法》又是一部充满传奇色彩的兵书，深得中外军事、经济、史学家的青睐。司马迁的《史记》不仅记叙了中华文明史，而且具有较高的文学价值、艺术价值和思想价值。打开《弟子规》让我懂得了做人最基本的道理，人要爱国首先要孝敬父母，报答父母的养育之恩。

总之，古典文学，是中华文化中的精华，它能穿透深邃的历史时空，和我们的心灵相遇、相励、相慰，犹如世代相传的火种，点亮近代相承的人们的智慧和情感之灯。"先天下之忧而忧，后天下之乐而乐"的政治抱负，"位卑未敢忘忧国""苟利国家生死以，岂因祸福避趋之"的报国情怀，"富贵不能淫，贫贱不能移，威武不能屈"的浩然正气，"人生自古谁无死，留取丹心照汗青""鞠躬尽瘁，死而后已"的献身精神，"修齐治平"的人生理想，"天下兴亡、匹夫有责"的社会责任，"忧以天下，乐以天下"的济世情怀，无不充盈其中。这些正是人的素养提升的精神营养。

二、参悟文化传承经典是语文教师的责任

（一）语文教师需要参悟经典文化

落实语文核心素养，语文老师需要理解语言建构与运用、思维发展与提升、审美鉴赏与创造、文化传承与理解四个核心素养之间你中有我，我中有你，相互依存、相互融合、相得益彰，属于共生关系。要真正实现素养之间的融合共生，教师自身要有参悟古文化的能力与水平。

譬如以"文化"与"语言"相融共生关系为例：

文化是一个比较复杂的概念，历来人们对文化素养的理解差异也比较大。文化素养不仅指知识，还包括文化视野、文化眼光和文化意识。文化视野是指一个人对文化理解的深度与广度；文化眼光是指一个人评价文化的优劣与进行文化取舍的能力，而文化意识是指一个人对文化的有无包容、尊重、珍惜、创造和享受的自觉。因此，文化素养和语文素养几乎是无法分开的。

语文教师要落实语文素养，就得参悟博大精深的中华古文化，学会正确的判断，正确的取舍。

语言与意象的平行互补，是中国文化基本符号构成的一个引人注目的特点。即"语言"发展与"意象"文化之间有着"言象互动"的关系。这个"言象互动"的符号系统，作为中国传统文化观念的载体和交流媒介，深刻影响着传统文化观念的形成与传播，也一直影响着中国人的思维方式和行为方式。

大家都知道：中国文化推崇意象，即所谓"尚象"。《周易》以"观象制器"的命题来解说中国文化的起源；中国文字以"象形"为基础推衍出自己的构字法；

中医倡言"藏象"之学；天文历法讲"观象授时"；中国美学以意象为中心范畴，将"意象具足"视为普遍的审美追求。意象，犹如一张巨网，囊括着中国文化的全幅领域。意象符号系统，至今运转于当代文化生活之中，仍然保有自己的生命活力。

语言逻辑研究始终与重意象、尚感悟的思维方式有些相悖逆。意象感悟传统与语言逻辑传统有些此消彼长，历史的发展成全了前者，却遏制了后者。名家学说被长期湮没，一些重要著作长期散佚以至亡绝。因而，先秦的语言逻辑思想始终没有像古希腊那样发展为严整的形式逻辑体系；而未经形式逻辑的过滤，中国古代的朴素辩证法思想，也便无从发展为辩证逻辑。

所以，中国古代科技文明纵有无数杰出的发明发现，却一直停留在工艺技术的层面，未能向近代科学转化。应该说，中国人为自己的思维方式付出了沉重的代价。在倡导语言建构与运用、文化传承与理解的今天，语文老师是否也应该懂得这一层含义呢？

（二）语文教学需要传承经典文化

有人提出：中国教育之布为何几十年没有织成？是因为没有经典——以中国经典为核心的基础课程。不无道理。中国教育要向前走，必须先向回走，脱离了中国文化的教育不是中国教育。现在，中华民族正在腾飞，作为其一翼的中华文化的传承，自然应该成为教育的责任与使命。

中国经典文化有个独特的现象，包括了经、传、注、疏。经是原始的经典，如《论语》《老子》《庄子》等，传、注、疏是后人对经典的阐释。同一部经典，后人的阐释并不相同，汉代有汉代的注解，宋朝有宋朝的解读，元、明、清的解读也各不相同。这些不同的解读共同组成了中国文化。历朝对经典有不同的解释，否定的只是前人的注解而不是经典本身，因为前人的注解不能适应变化了的社会统治的需要。

在《论语》中，有很多话都有多种注解，有的甚至有几十种理解，人们所认定的糟粕其实只是某种理解而不是经典本身。我们完全可以选择有积极意义的那种理解，或者进行适应时代的新注解。

有人可能会说，学习古代经典，学生读不懂。然而，"有朋自远方来，不亦乐乎""四海之内，皆兄弟也""生死有命，富贵在天""祸兮福所倚，福兮祸所伏""人生也有涯，而知也无涯"这些《论语》《老子》《庄子》中的话有谁会说自己不懂？这些话为什么懂？因为这些话听多了、见多了、用多了，自然懂了。我们之所以觉得古代经典难懂，不过是因为学得少、读得少、用得少。

我们必须懂得：知识教育具有时效性。昨天所学的知识，今天可能就没有用了；今天所学的知识，可能到明天就没有用了。而经典教育的效用具有永恒性，不仅受用一生，而且世代受用，那是民族的魂、文化的根。一个丢弃自己传统经典文化的民族，不会有前途、有未来。没有本民族经典教育的教育，将是失败的教育。在落实核心素养的今天，要将经典教育作为重要内容，其本身就是一种文化素养，为学生的一生打好基础。现代语文教师该承担起传承经典的重任了。读经典的书，做有根的人。传承经典是现代语文教师的责任。

三、传承经典须得走进经典参悟经典

在五千多年文明发展进程中，中华民族创造了博大精深的灿烂文化，要使中华民族最基本的文化基因与当代文化相适应、与现代社会相协调，就需要把继承传统优秀文化和弘扬时代精神结合起来，就需要让语文教学走进经典，理解经典，光大经典，展示中华文化魅力。

（一）例如，语文教师需要正确参悟《论语》内涵

《论语》记录了孔子及其弟子的言行，集中体现了儒家学派的政治主张、伦理思想、道德观念及教育原则等，是我国传统文化思想的源头，也是中国人的智慧宝库。两千多年来，无数志士仁人通过精研《论语》，从中汲取智慧，上以治国平天下，下以修身齐家。古人云："半部论语治天下。"其地位不言而喻。

教学中，如何引导、启发学生深入挖掘《论语》中孔子思想的时代意义，是我们语文老师需要探讨的问题。《论语》教材的选文，分别涉及了孔子在从政、为人、处世、处事、教学等不同方面的思想，均是《论语》中的精华，且言简意赅，意味深长。

那么"仁"强调的究竟是什么呢？

一是"自觉"。"仁远乎哉？我欲仁，斯仁至矣！"（《述而》）可见"仁"

不但不远，反而近的就在内心，可以让我随着主观的意愿而加以掌握。这就是自觉性。但是，平常为何难以掌握？那是因为人有"血气"形躯，由物欲引申到向外追逐的行动。只需当下反观内心，即可觉察人性的动向。

二是"真诚"。孔子说："人而不仁，如礼何？人而不仁，如乐何？"礼乐是教化的主要内容，使人进入社会立身处世；但如果只重外在的表现而忽略内心真实的情感，难免流于形式主义，装模作样，丧失了礼乐的真正目的。因此"真诚"，就是不虚伪，不掩饰，有如赤子之心。

三是"行动"。孔子说："有能一日用其力于仁矣乎？我未见力不足者。"（《里仁》）意即：如果有人想要努力实现内心对人的真实情感，由此行善避恶，那么孔子没有见过能力不足的人。问题只在愿不愿意，而不在能不能够。

（二）例如，语文教师需要正确参悟"中庸"内涵

何谓中庸，程子曰，"不偏之谓中；不易之谓庸"。中者，天下之正道。庸者，天下之定理。中庸之道，意为不偏不倚，折中调和的处世态度。这是《论语》里最容易误解，也最难做到的。

然而，从文化传承的角度说，中庸之道的精髓，主要体现在中庸三原则上，并且更集中在一个字"诚"上。中庸所谈的"至诚之道"，从修身养性中看来，其实也是"真诚之道"。真诚，是心之至诚。以诚待人，则无人不信；以诚处事，则无事不克；以诚立业，则无业不兴。

因为中庸之道的主要原则有三条：一是慎独自修，二是忠恕宽容，三是至诚尽性。

第一条，慎独自修。

《中庸》第一章就提出了这一原则。其文云："道也者，不可须臾离也，可离非道也。是故君子戒慎乎其所不睹，恐惧乎其所不闻。莫见乎隐，莫显乎微。故君子慎其独也。"

其意为：人们必须严格地自觉地进行自我修养，尤其在一个人独处的时候，更应该谨慎地进行自我反省、自我约束、自我教育、自我监督。在别人听不到自己讲话的地方也十分谨慎，不说违背道德的话；在别人看不见自己物为的地方，也时刻谨守中庸之道。做到至诚、至仁、至善、至圣，就必须坚持慎独自修的原则。

坚持这一原则，其乐无穷，其用无穷，其功无穷！《中庸》第三十三章云："君子之道，淡而不厌，简而文，温而理。知远之近，知风之自，知微之显，可与入德矣。"因此，这一原则，主要要求人们在自我修养的过程中，坚持自我教育、自我监督、自我约束。

第二条，忠恕宽容。

《论语·里仁》记载孔子告诫曾子的话："吾道一以贯之。"别的学生问曾参，这是什么意思。曾参说："夫子之道，忠恕而已矣。"忠恕是为仁之方，说孔子的思想核心是忠恕之道，也就是说孔子的思想核心是为仁、行仁。孔子说恕便是"己所不欲，勿施于人"。"夫仁者，己欲立而立人，己欲达而达人。能近取譬，可谓仁之方也已"。所谓"能近取譬"就是将心比心，就是忠恕之道的具体实施。

总之，这一原则要求人们将心比心、互相谅解、互相关心、互不损害、忠恕宽容、体仁而行、并行而不相悖。这一原则分别见于《中庸》第十三章、第三十章。

第三条，至诚尽性。

至诚尽性的原则，是施行中庸之道的最重要原则。"唯天下至诚，为能尽其性。能尽其性，则能尽人之性；能尽人之性，则能尽物之性；能尽物之性，则可以赞天地之化育；可以赞天地之化育，则可以与天地参矣。"

其意为：只有坚持至诚原则，才能充分发挥自己善良的天性。能够充分发挥自己善良的天性，就能感化他人、发挥他人的善良天性；能够发挥一切人的善良天性，就能充分发挥万物的善良天性；能够充分发挥万物的善良天性，就可以参与天地化育万物。这样，便达到了至仁至善的境界！达到了至仁至善的境界，就可以同天地并列为三了。这就是坚持至诚尽性原则所达到的理想境界，达到了这一理想境界，也就找到了一个人自己在宇宙间的真正位置。

第三章 中职语文素养中语感培养的内容与方法

第一节 语感在语文教学中的重要性

语感能力的培养是语文教育的核心内容，也是我国母语教育的优秀传统，语文课程标准对此进行了全面的继承和大力的倡导。叶圣陶先生指出，语言文字的训练最要紧的是训练语感。近年来，随着新课程的改革，语感在观念上比较普遍地受到人们的重视，然而，观念和实际教学状况却存在着比较明显的反差。

由于传统观念和考试制度等因素的影响，广大教育工作者虽然已经意识到了语感教学的重要性，并在理论探讨和实践尝试上取得了一定的进展，但依然存在着严重的问题。因此，努力进行语感教学的环境建设，促进语文教师语感教学能力的提升是我们应为之努力的近期目标，其最终目的是要使多形式、全方位语感能力的培养成为教师的共识和教学实施状况的具体描述。

一、语感在语文教学中的地位、现状及对策

语文教学的首要任务是培养学生各方面的语感能力。丰富的语文积累，培养语感，发展思维，在教学中尤其要重视培养良好的语感。要使语感能力的培养获得真正落实，一方面要加强对语感在语文课程中地位的理解，另一方面要深入考察现状，弄清语感培养中存在的问题，从而制定出有效的实施策略。

（一）语感在语文教学中的地位

自新课标颁布和实施之后，关于学生语感能力的培养虽然高频率地见诸各种研讨的文字中，但实际教学中并没有得到真正的落实，理论与实践成为缺少联系的两个系统。因此，对语感能力在语文教学中的地位的集中阐述，是使广大教师在充分理解和把握语感在语文教学中的地位的基础上，实施有效的应对

策略之必要前提。

1. 语文课程作为母语教育的特点

在具体论述之前，我们首先要弄清楚语感的概念。所谓语感，是对语言敏锐的感受能力，包括语音感受、语义感受、语意色彩的感受。文字语言的训练，我以为最要紧的是训练语感，就是对语言的敏锐感受。语文教学的首要任务是培养学生各方面的感受能力。语感能力的培养就是通过学生对语言整体的、全方位的、多层次的感受、品味、揣摩、意会，从而接受作品的情感、思想、情操的熏陶，进而形成语言感、语意感、语法感。汉语是我们的母语，人们学习母语一般有三个阶段和三种途径：学前习得、学校习得、社会习得，三个阶段和途径的核心是"习得"。所谓的习得就是在习惯中获得，在练习中形成，在习用（经常用、惯用）中学会，在习气、习尚中形成品性。因此，习得就是学习的另一种说法，学习的对象当然不仅仅是知识，还指文化、人的心理内涵（意会知识、能力情感、意志素质、世界观等），所以习得是人格发展的根本过程。在学前习得阶段，儿童没有教科书，只是从成人那里直接地、整体地习得语言，靠的就是语感。学校习得和社会习得阶段，虽然有了一定的语文基础知识，但人们在交际中靠的仍然是语感，靠的是语言的直接性、灵活性，是经验型的、感性的、推理性的。没有什么人在交际时先考虑语法规则、逻辑推理，而后再遣词造句、表情达意。从母语学习的三个阶段和三种途径中可以看到语感在其中起着关键性的作用，它不仅是语言学习的具体方式，而且是运用语言进行交际的依据。同时，语感能力的培养也是我国传统母语教育的优秀传统，已积累了丰富的经验，为我们当代进行语感培养提供了有益的借鉴。我国在以四书五经为范本的母语教育中，没有过繁的语文基础知识，也没有所谓深刻的理论分析，只是通过熟读和背诵，使学生对读本的内容获得完整的模糊认识，通过教师针对性的点拨使学生豁然开朗，融会贯通。因此，无论是母语学习的三个阶段、三种途径，还是传统教学的经验，都有力地证明了语感在母语教学中的特殊地位。

2. 语感是语文知识和语文能力的综合

在前面的论述中我们已经从一个侧面表达了这样一个观点：语感能力是一种综合能力。对于这种综合能力的构成及其价值，我们将分别从语文课程标准的三个维度出发，通过两点进行论述。这里集中论述语感是语文知识和语文能力的综合。作为一种综合能力的语感能力，必须要有相应的丰富的知识做支撑。①语文知识和语感的关系。语感能力的培养作为语文教学目标的核心，决定着语文知识教学的内容选择。语文课程标准中强调不追求语文知识讲授的系统性，而对教授什么样的语文知识的选择，其依据就是该知识是否有助于学生语感能力的培养和发展。因此，语文知识的教学必须要适应语感能力的培养，并为语感能力培养服务。当然，在语文教学中，语文知识并非完全处于一种被动状态。作为体现语文规律、构成语感能力形成和发展基础的语文知识，其理性特征可以提高语感的质量，使语感培养更富于科学性，从而提高效率。②语文能力和语感能力的关系。语感能力作为语文能力的高级形式，在语文能力结构中居于核心地位，是语文能力的灵魂。语文能力只有综合提升为语感能力时，其价值和意义才能被凸显出来。因此，我们仅从知识与能力这一维度看，语文知识只有在实践过程中通过不断的学习和运用才能转化为语文能力，而不同的语文能力只有通过实践进行综合和提升最终才能成为语感。所以，语感是对语文知识和语文能力的综合。有研究者认为："掌握语文知识本身不是最终目的，真正的目的在于服从和服务于培养和提高语感的品位。为此，语文知识的教学要通过恰当的材料，有效地作用于学生的感觉，从而附着于他们的语言能力结构。"语文知识的传授和语文能力的培养是最为重要和基础的任务，是语文课程工具性的具体内容，而语感是语文知识和语文能力的综合，由此可见其在整个语文教学中地位的重要性。

3. 语感体现着情感态度和语文能力的运用价值

这个观点是从三个维度中的情感态度和价值观以及语文课程生活化原理两个方面思考所获得的结论。首先，语感中的情感态度和价值观的因素。语感除了包括语文知识之外，还包括文化知识和人的心理内涵，而后者的内容是极其丰富的，包括意会知识、能力、情感、意志素质、世界观等。因此，语感中的情感态度和价值观的内涵是非常鲜明的。①语感是在语境中形成的。语境是指语言活动赖以发生和进行的条件。要真正理解语言材料，不仅要弄清话语的字面意义，还要弄懂表现说写者情感态度的话外意。②语感是个性化的，是以个体经验为基础的。语言差异必然导致语感的不同。同说一种母语的人，因其所处的时代、所属民族、生活环境、接受教育程度的不同而存在语感内涵中的情感态度和价值观的差异。因此，进行语感的培养是进行情感态度和价值观引导和培养的有效途径。其次，语感能力集中体现了语文能力的运用价值。语文课程标准强调语文课程的生活化，这不仅拓展了语文课程的内涵，语文能力的运用价值也受到了特别的倡导和强调。在生活中学习和运用语文成为语文教学的目标，而语感能力又是语文能力的核心，遂得到了特别强调。

（二）语感在语文教学中的状况分析

自新课标颁布和实施之后，语感能力的培养在语文教学中的地位发生了根本性变化。传统语文教学中虽然也对语感能力的培养进行了倡导和强调，但由于单一的工具性及考试制度的制约而仅仅停留在文字层面。语文课程标准对语感能力培养的特殊强调和倡导，使语文教学中语感能力的培养成为核心，引发了广大语文教师对语感能力培养的高度关注和有意尝试，这些成为当下语文教学中一个可喜的现象。

1.总体状况分析

语感能力的培养受到普遍而高度的重视，是当下语文教学与传统语文教学相比较所显示出的一个突出特点。

首先，语文教师在对语文课程的理解中，语感能力培养的意识普遍提高。这是语文新课程实施中对语文教师进行观念改变的指导成果之一。面对语文课程的全新理念，语文教师必须要改变观念，更新知识，提高素养，而核心就是教师要具备语感能力，并对学生进行语感能力的培养。语感能力作为迅速感悟语言的能力，既包含着知识和能力，又体现着情感态度和价值观的内涵，是语文课程工具性和人文性的统一，是语文生活化的具体内容，也是语文能力的高级形式和价值实现途径。因此，语感能力培养意识的普遍提高奠定了语文课程实施的观念基础。这种普遍性，既体现在理论的探讨中，也表现在教学中的尝试里；既有面对小学的，也有面对中学的；既体现在老一代的教师身上，也体现在年轻一代的教师身上。

其次，感受性阅读的普遍倡导和积极推进。所谓感受性阅读是指在整体把握的前提下，以理解、体验、感悟为主要内容的阅读。感受性阅读的核心就是感受课文文本的语言，并由语言进入其内涵。因此，语感能力的培养和运用是感受性阅读的本质特征。"感受"在新课标阅读教学中的重要地位，是中职语文阅读教学中普遍倡导和推行的根本性原因。另一方面，教材中也特别地对感受性阅读进行了强调。

再次，一些教师针对语感的内涵，通过各种有效的途径对学生语感能力培养的方式、方法进行探索并取得了良好的效果，如通过阅读、记忆和背诵进行语言积累，从而奠定语感能力的基础；通过对课文文本进行语感分析，对学生语感能力的形成和运用做出示范；通过有效引导，使学生运用自己的生活经验，对课文文本的内涵进行体验和感悟；通过阅读、写作、口语交际能力的相互迁移，拓展和丰富语感能力的内涵及实用价值。尤其是有些教师紧紧抓住朗读对语感能力培养的特殊意义，将从不同角度对课文文本的理解和对内涵的把握，通过不同风格形式的朗读加以体现，更有效、更直观地培养学生语感能力，都取得了很好的效果。

2. 尝试中的探索和不足

随着语感能力培养意识的普遍提高，广大教师在教学中对语感能力培养的尝试，也在通过不同形式进行着。语文教学本体改革的试验学校、以语感中心为实验目标的浙江教学实验区，在调整和改革中继续探索和完善语感能力培养的科学而高效的路径，更多的学校和教师则有意识地在教学中渗透进语感能力训练。但是这种广泛的、具有普遍性的、有意识的尝试存在明显的随意性，因此并没有达到预期的效果。具体来讲，随意性表现在两个方面：其一，以传统的教学形式培养语感。所谓传统，并非指历史上的传统，而是专指改革开放后至新课标颁布之前的那段特定的历史时期，即以教师为主体，以灌输为主要形式，以标准答案为主要内容的教学形式。许多教师把单纯的对课文的阅读作为培养语感的手段，把游离于文本的分析作为对语言内涵的挖掘，这就在很大程度上误读了对语感能力的培养。其二，语感能力的培养在理论探讨与实践操作之间的不平衡。当下语文教育教学中对于语感能力培养的理论探讨多于语感培养的实践操作。在理论探讨上的工作比较广泛也比较深入，这种评价主要还是从语感自身的纵向比较而言，与语文课程标准其他方面相比，仍显得比较薄弱。而这种理论研究状态与教学中的语感能力培养的实践相比较，其不平衡就显得非常突出了。由此可见，语感能力培养实践的缺乏还是明显的。

语感中心说与语文本体改革是在传统教学中就受到关注的语感理论和语感能力培养实践的流派。到了语文课程标准颁布实施后的今天，语文课程本体改革实践本应在已有的基础上得到更广泛的认同，但事实却并非如此，而语感中心理论，伴随《语感论》第二、三版的出版，得到了丰富、充实和提升。这种理论和实践发展的不平衡，要求广大教师在实际教学中加大探索的力度。对语感能力理解上的偏差使尝试中出现了一些问题。在语文教师中，语感能力的培养意识普遍提高了，但对语感能力概念理解的偏差也比较普遍地存在着。有些教师将语感能力形成的基础——字词的理解和积累——作为语感能力的全部内容，孤立地强调字词教学，而淡化甚至漠视字词的语境意义；有的教师则注意语感的知识和能力价值，而轻视情感态度和价值观的因素；还有的教师则看重语感能力的应试意义，漠视语感能力的生活意义等，使语感能力成为一种缺少实用价值的简单的内容，这就违背了语文课程标准强调的从生活中学习和运用语文的理念。

3. 问题成因的分析

语感能力的培养在尝试中有令人欣喜的成果，但也存在着明显的不足。成果要借鉴，不足则更应该深入分析并找出原因，以便进行有效的策略选择和设计。问题存在的原因大致有以下三点：

其一，传统教学的影响。语文新课程是在传统语文教育教学的基础上发展而来的，在教育转型的过渡期，传统教学的影响将是长期和明显的。一方面，从教师角度而言，其观念的改变是一个渐进的过程，不会一下从传统进入新课程。另一方面，教学方式的延续也将是教育转型期的一个长期过程。对于新的教学方式和教学内容，也需要有一个逐渐适应的过程。在整个教育转型期，传统教育教学和新课标教育教学的发展，将是一个此消彼长的过程。在这个过程中，传统会以一种强大的力量，压制新课标的实施，造成当下语感能力培养会步履维艰的状况。

其二，考试制度的规范。伴随着语文课程标准的颁布和实施，语文高考虽然发生了很大的变化，但由于高考制度并没有发生根本性的改变，语文教学始终被条条框框限定着。语感能力虽然是语文新课程的核心，但由于它内涵的丰富性和个性，不宜以固定的答案（标准答案）去衡量，所以与考试制度相抵触。因此，虽然广大教师普遍建立起语感能力培养的意识，但其尝试往往限制在不影响考试大局的前提下。这是语感能力培养存在随意性，往往浅尝辄止的根本原因。

其三，教师对语文课程标准理解的欠缺和能力的不足。各级教育主管部门虽然大力提倡和组织教师对新课程的学习，但仍然有相当一部分教师对其知之甚少，完全没有对新课标进行通读的也不在少数。有些教师只是在一些讲座和一些文章中，零星地了解了新课标中的一些内容，对许多概念似是而非，这是造成他们对语感能力培养尝试出现偏差的重要原因。与此同时，教师的知识和能力的不足也加重了这种偏差程度。语感能力具有丰富的内涵，它不仅需要丰富的语文知识，还要有丰富的跨学科知识和生活知识，更要有语言的实践能力。传统语文教学三个中心所导致的闭塞，极大地限制了语文教师的知识、能力和眼界，由此直接造成了语文教师在语感能力培养中引导工作的不足，其本身缺乏语感能力，又怎么能培养学生的语感能力。

（三）语感能力培养对策

广大语文教师在语感能力培养的理论探索和实践尝试中，取得了可喜的成果，同时也存在着许多问题。这些问题的存在，成为语感能力培养长期以来的阻碍。要解决这些问题必须进行长期的和具体的工作：

1.努力进行语感教学环境的建设

语感能力是在语言环境中养成的，语感教学也必须要在相应的教学环境里完成。就当下的语文教学环境而言，虽然与传统语文教学相比有了很大的变化，但并没有根本性的改变。"全面提高学生的语文素养"虽然已经成为素质教育的重要口号和语文教学的核心目标，但实际教学仍然被高考制度所左右，量化评价的主体使教师无法超越现实的约束去实施语感教学。在这样的背景下，要真正落实语感能力的培养是非常艰难的。因此，进行语感教学环境的建设就显得十分重要。面对考试制度与语感能力培养的关系，既要认识它们之间的矛盾对立，又要寻找出它们之间一致的内容。从总的方面而言，考试制度对于应试内容的规范，对作为语文素养核心的语感能力的培养是矛盾的。语文课程标准就是对应试制度反拨的结果，这是广大教师的共识。但应试所规范的内容，与语感能力的培养又不是绝然对立的。

语感能力的培养必须要有语文知识的基础。如果对知识学习定位，除了应试之外，还要侧重于为语感能力的培养和提升奠基。其实语文课程标准将知识与能力确定为三个维度中的第一个，也体现了知识在语文素养中的突出地位。因此，对于传统的应试教育在理念上不能一味地批判，要进行相应调整以与其适应，使应试为培养语感能力服务。就目前情况而言，伴随语文新课标的实施，教师要逐渐改变由传统教育沿袭下来的以知识讲授为核心、以肢解式的文章分析为主要形式、以无视语境为特点、以突出主题为主要内容的传统教学模式，尝试以学生为主体，以语言学习为核心，以体验、感受、理解为主要形式，以语感能力培养为主要目标的教学。教师在对应试制度的反拨和适应以及教学方式和习惯的改变与重塑中，努力进行语感教学的环境建设，为语感能力的培养奠定基础。

2. 提升教师的语感教学能力

除环境因素外，教师自身语感教学能力的不足也是导致语感能力欠缺的一大原因。因此，提升教师的语感教学能力成为语文教学刻不容缓的任务。语文课程标准颁布和实施之后，语文教师培养学生语感能力的意识普遍产生和确立，但由于对语感内涵认识的表面化，科学的语感观念和实际的语感能力并未建立起来。因此，要提升语文教师的语感教学能力需要做两个方面的工作：

首先，培养自身的语感能力。培养自身的语感能力首先要明确语感的概念和内涵。语感是迅速感悟语言的能力，是"全面提高学生语文素养"的核心内容，它是由工具性的知识与能力、过程与方法与人文性的情感态度和价值观有机融合而形成的对语言的理解、体验、感悟和反映的能力，是基于语言实践对语文知识、跨学科知识、生活知识以及思维能力进行综合而形成的悟性。为了培养和提高自己的语感能力，教师应注重对知识的广泛积累和进行灵活的重组能力的训练，尤其要注重在生活实践中学习和运用语言，使语感能力从形成到提升始终植根于生活的土壤。

其次，根据语感规律进行教学。①将应试教学注入语感培养的内涵。无可讳言，我们现行的语文教学基本上沿袭着应试教学的模式。应试教学注重知识的讲授，为了使这种知识讲授具有语感能力培养的价值，应改变应试教育知识讲授脱离语境的状况，强化突出学生在语境中对于知识的理解，从而奠定语感形成的语言知识的基础。②改变课文分析中漠视语言和对内容进行条块分解的状况，建立以语感分析为内容的分析模式。所谓语感分析，是指在对行文进行整体把握的基础上，对语言格调、意蕴和技巧的分析，通过语感分析使学生从理性的角度把握文本的感性内涵。③对语文的语言及其所负载的信息进行体验和感悟，这是感受性阅读的基本要求。教师在对文本进行自主体验、感悟的基础上，将体验和感悟通过语言表述出来并引领学生进入文本的情境。通过学生个性因素与文本情境的融合、碰撞和冲突，获得全新的体验和感悟，从而逐渐形成语言的悟性能力和感悟习惯。

3.多形式、多方位语感能力培养

语感内涵是非常丰富的，所以在培养语感的过程中，从内容到形式必须适应其内涵而体现出多样性。

多样性内容积累奠定语感形成和发展的基础。首先，语感是与学生生活环境和生活经验密不可分的，无论是对字、词、句的理解和运用，还是对事物的感悟，都可以从日常生活中获得。因此，联系生活实际，积累生活知识和生活经验是语感形成的知识基础。叶圣陶先生认为："要求语感的敏锐，不能单一从语言文字上去揣摩，而应把生活经验联系到语言文字上去。单靠翻查字典，就得不到什么深切的语感，唯有从生活方面去体验，把生活所得的一点一滴积聚起来，积聚越多，了解越真切。"这说明了只要经常观察生活、品味生活，留心别人的语言，注意生活中的文字，仔细辨别其好坏，就能慢慢培养出语感。其次，情感经验的积累与丰富是生成语感的催化剂。情感是人们对客观世界的一种特殊反应方式，是主体对待客体态度的体验，通过体验形成的记忆内容即情景记忆，情景记忆不断丰富，就在大脑中建立起"内在图式"，情感图式总是与表象图式共融后再外化为语符系统。所以一个情感体验深刻的人，也是语感能力强的人。因此，培养学生语感能力，必须对情感经验进行积累。师生通过诵读、吟读等多种形式积累多种情感并使情感具有多层次、多色调，建立相互间的转化机制，构成学生的"情感图示"，从而奠定和丰富语感的情感基础。

通过读写结合的训练形成和发展语感能力。阅读是提高学生人文底蕴，提高语文能力，培养语感的有效途径。学生在阅读中获得感知之后，还要进一步要求他们以自己的体验和感悟为基础进行联想、想象及练笔。在教学中，要努力让学生把在课文中学到的表述方式、语言运用技巧运用于写作中，在写作中推敲字词，想象比较，反复领悟，从而培养和提高语感能力。通过读写结合来培养和提高学生的语感能力主要是运用两种方式实现的：一是内化，通过写作训练使学生学到的书本语言知识和技巧内化为自己的理解和感悟；二是迁移，将写作中的内化成果再运用于对课文的体验和感悟中去。

通过实际运用养成揣摩、品味语言的习惯。咬文嚼字、体味语言是语感训练的关键环节。词句是构成课文的基本单位，课文中有些词句，特别是那些对表现文章中心和表达作者情感具有重要作用的词句，往往对理解全文具有举足轻重的作用。抓住这些关键词句，对语感能力价值的发挥和层次的提升具有特别意义。语感能力具有直觉性特点，而直觉性又与习惯有着密不可分的关系。因此，在实践中不断地反复运用，形成对语言进行揣摩、品味的习惯，是语感能力培养自身规律的要求，也是语感教学的目标所在。

语感能力的培养是语文教学的核心。由于传统观念和考试制度等因素的影响，广大教育工作者虽然已经意识到语感教学的重要性，并在理论探讨和实践尝试上取得了一定的进展，但依然存在严重的问题。因此，努力进行语感教学的环境建设，加强语文教师的语感教学能力是我们当下应为之努力的目标，其最终的目的是要使多形式、全方位的语感能力的培养成为教师的共识和对教学实施状况的具体描述。

二、语感能力在阅读中的作用

所谓的"语感"是对语言文字或语文现象敏锐感知和迅速领悟的能力，是对语言文字从语表到语里，从形式到内容，包括语音、语义、语法、语用等在内的一种正确而丰富的理解力。语感能力强弱对于阅读效率的高低有着极为重要的意义，因为阅读是从书本中获取信息的重要途径，人们只有深入阅读对象之中才能切实地把握其本质，只有具备优秀的语言感悟能力，才能获得见微知著的效果，也才能获得最佳的阅读效率，语感能力在阅读中的作用具体表现为：

（一）运用语感能力迅速切入阅读对象的本质

语感能力是在语言实践中形成的，带有浓厚的经验色彩。尤其是我们绝大多数人没有受过语感能力理论方面的训练，这种色彩就更为明显。就其本质而言，经验性的东西在实际运用中具有更为明显的针对性和实效性。同样一部作品，对于阅读经验丰富、语感能力强的人可以获得多、快、好、省的效果。多：指在固定篇目中获得的信息多。快：指阅读固定篇目所用的时间少。好：指阅读的效果好，收效大。省：指阅读固定篇目所耗的精力少。相反，缺乏阅读经验、语感能力差的人，阅读效果自然是少、慢、差、费。

其关键就是阅读者因阅读经验不同而导致的语感能力的差异造成的。同样读李白的《早发白帝城》，许多人仅停留在字的表层含义上，而古人通过语感读这首诗却有这样的体会：太白七绝，天才超逸而神韵随之。如"朝辞白帝彩云间，千里江陵一日还"，如此迅速，则轻舟之过万山不待言矣。中间却用"两岸猿声啼不住"一句垫之，无此句，则直而无味；有此句，走处仍留，急语仍缓。可悟用笔之妙。从中我们可以看出作者的语言感悟能力的高超，他不仅掌握了诗的字面信息，同时也掌握了深层语言的内涵信息和指向信息，且由此推衍理解出构思的功力。也就是说只有抓住事物的本质和关键阅读，才能最大限度地吸取阅读对象所负载的信息，而抓住本质和关键的最基本的素养和基础就是要具备语感能力，语感能力在阅读中的作用正如一手抖落全毛尽吸，它不仅可以大量节省阅读固定作品所花费的时间和精力，同时，由于语感能力使阅读者具有高度的透视力，在阅读时能够迅速切入本质，再从本质内涵出发对全篇进行语感分析，就能够以本质内涵推断构成文章的各个环节的联系和特色，也可以从构成文章的各个环节归纳和反证出对本质判断的准确性，短时间内思维高度运转，从而实现深层阅读，提高透视能力效用。

（二）运用语感能力深入体会阅读对象语言的精妙

语感能力是对语言文字从语表到语里，从形式到内容，包括语音、语意、语法、语用等在内的一种"正确而丰富的理解力"。阅读的本质是吸取信息、积累知识和语词，这种吸收和积累必须是在对阅读对象有"正确而丰富的理解力"前提下进行的。要完成这样一个前提条件，读者就必须动用已有的语感能力的储备，对阅读对象进行渗透和解析，发现美点，吸取精华，尤其是记忆和积累内涵丰富的词句。如徐志摩在诗《偶然》中写道：我是天空里的一片云，偶尔投影在你的波心——你不必讶异，更无须欢喜——在转瞬间消灭了踪影。你我相逢在黑夜的海上，你有你的，我有我的，方向；你记得也好，最好你忘掉，在这交会时互放的光亮！对于这首诗，一般评论者都认为其表现了徐志摩清淡的际遇、对人生的达观以及潇洒超逸的情怀，然而，我们只要联系作者的人生经历，运用语感积累进行深入细致的分析，就会感到这个结论过于草率，对语言的分解过于粗范，而得出恰恰相反的结论，即没有看到飘逸的外形下沉重的内涵，漠视的形式中隐含着铭心刻骨的关注。

这一事例说明，通过语感能力，不仅能够深入理解语言的精华，而且有助于对因形成定式而误读的纠正，任何作品的内容都是由语言负载的，在负载内容的作品中总会有集中、概括而又含蓄隽永的词句，读懂这样的词句可带动对全篇的理解，而读懂这类词句的前提条件是具备语感能力。缺少这个前提条件，往往会导致阅读的不深入，甚至误读。

（三）运用语感能力增强阅读中的积累

阅读的目标是积累语言、吸取信息。阅读的效果主要表现在一定阅读时间内吸取信息和积累语言的速度和数量，其决定性的因素就是阅读者语感能力的强弱。语感能力强的学生因对文字有着十分敏锐的悟性，很大程度上避免了苦思冥想的分析（当然语感能力的形成大体都经历了反复苦思冥想的过程，语感能力形成之后，苦思冥想的分析便被直接的感悟取代了），这样提高了阅读速度，就减少了具体作品的阅读时间。因有很强的语感能力，那些为苦思冥想式的纯意识行为所淡漠的，甚至从未纳入分析范畴的信息也会通过非意识化的感悟被提示出来，被挖掘出来，从而扩大了阅读具体作品所获得的信息量，增加了阅读积累的信息。

由于这众多的信息是通过自己感悟得出的，自然会留下深刻的印象，储存于记忆之中。不断地阅读与感悟，能使信息获得充分的积累，语感能力也将在这不断的运用中获得加强和发展，从而形成运用语感能力进行阅读，通过阅读吸收积累信息—强化语感能力—进行新层面的阅读，这样一种良性循环的阅读格局。当然，运用语感能力进行阅读还可以掺入创造性的思考，对已有定论的阅读对象做出全新的评价，这属于更高层次的语感要求。

总而言之，运用语感，不仅在阅读中可避免理解过程的曲折，直接切入阅读对象的本质，还可透过阅读文字的表层，体会其语言的精妙。同时，语感能力运用于阅读还可以增加阅读中的信息量和加快语言积累的速度，增强阅读效益，因此，要提高阅读效果则必须培养和运用语感能力。

三、通过培养语感能力提高学生写作水平

学生写作水平缓慢的发展与教师付出巨大的劳动形成鲜明的反差，是目前困扰中学语文教学的一大难题。为了扭转这一局面，广大教师和教育工作者进行了大量的探索性工作，如学习和推广"快速作文"，从训练结构入手培养学生的构思能力，写学生熟悉的生活，扭转写作内容与学生实际生活脱节的局面，遵循作文教学的民主原则，改变学生写作中的被动局面，还有让学生直接参与评改等。这些方式方法在具体施行过程中，都在某种程度、某些方面取得了一些成效，有些在短时间内效果还非常明显，然而，在提高学生作文总体水平上仍然收效不大。这些方式的实施主要意义在于"快速作文"解决的是结构模式的问题，学习这一方式，可以在构思文章时，从其所提供的众多结构模式中选择出适于具体作文内容要求的恰当的结构形式。写学生熟悉的生活，则解决以往学生作文中因写作内容要求偏离学生自身积累的素材而导致学生弄虚作假、胡编乱造的问题。

写作教学民主原则主要是调动学生的写作积极性，改变学生以往作文中完全被动的局面。学生直接参与讲评，则改变了学生不能参与完成作文全过程的缺憾，直接总结自己作文的弊端，述明写作中遇到的难题，使讲授更有实际效果，教师在以后的作文教学中更有针对性。然而，这一切在作文教学的内容上

都没有脱离以往的范畴，虽然方法改进了，内容却并没有拓展，因而也就不可能从根本上实现学生作文水平的全面提高。学生写作需要拥有写作的一种能力，而能力的形成必须经过长期的积累，不经实践反复验证，单纯地背出能够改变表面不足或错误的条条框框，即便再切合实际也不会有真正的提高。所以练是必须做的，从作文教学情况来看，训练的量已经足够了，但练与教学内在要求总是脱节的，大纲是一回事，实践中的练却是另一回事。尤其是写作的最基本和最重要的特点是运用语言进行表达，而现行的改变学生作文现状策略和方案中鲜有相关语言的积累和训练。试想即使有再多、再好的结构方式提供选择，有再好的生活、再深刻的感受需要表达，而缺乏语言能力，其结果也只能是使学生更加困惑。因此，语言表达问题的解决就显得非常重要了。语言表达问题解决了，语言的理解能力自然会得以提高，学习和掌握诸如结构方式等问题也就能够在理解的前提下加深记忆，从而获得事半功倍的效果。所以，培养学生的语感能力，既是提高学生写作水平的必然途径，也是目前作文教学走出误区的最佳选择。

（一）广泛阅读名篇佳作培养潜在语感能力，形成写作悟性

写作的悟性既包括通过观察获得信息、提炼主题的能力，也包括通过语感能力将获得的信息和主题寄寓在含蓄蕴藉的语言表达中的能力。这种悟性不是先天所具有的，也不可能通过前面提到的传统的教学方式和内容获得，它必须通过语感能力的培养得以实现，而广泛阅读名篇名著，培养学生潜在的语感能力是形成学生写作悟性的基础。传统的作文教学方式也十分强调阅读与写作的结合，甚至对阅读的对象和数量都有很高的要求，但没有获得相应的效果。

其原因一方面是紧张繁重的应试教学任务使阅读数量和目标的任务难以实行，即使得以实行，学生在强大的应试压力下，也很难进入实际的阅读状态。另一方面，读写结合的重点内容和整体目标的确立始终没有离开传统的"主题""结构"和"表达"。其中的"表达"虽然涉及语言的问题，但人们往往不是从长远的观点使学生在阅读和写作中形成语言能力，而仅仅是纠正一些错字、别字和病句。在整体教学的地位中，"表达"始终被列在主题结构之后，这种对于写作教学内容侧重点的不同定位，不仅不符合写作的自身特点和培养

写作能力的基本要求，对学生的写作认识也会误导，即只要主题正确、鲜明、突出，结构恰当合理，所写的作文就符合要求，至于语言表达，少些错别字和病句就实现预期的目标了。事实上，中职语文作文教学的目标，就是提高学生的书面表达能力。从这个目标出发的阅读，应始终围绕语言表达这一关键部分。理解了语言表达，掌握了表达技巧，其主题和结构也就自然得以掌握，因而这里的阅读内涵与以往有很大的反差，这种反差首先要求以语言表达为中心，广泛阅读名篇名著，通过不断的阅读、反复的实践，在不自觉中培养起潜在的语言感悟能力，能够准确运用含蓄蕴藉的语言包容的信息和寄寓的主题，从而形成对写作的悟性。当然，目前学生的学习负担依然很重，压力很大，因而对阅读对象要有比较严格的要求。从面上讲，涉及的领域要广泛；从格调上讲，要阅读名篇佳作，在有限的时间以有限的精力，更直接地获取有益的借鉴。

（二）精读、背诵经典文章

培养具体的语感能力，提高学生写作中运用语言的综合素质。

泛读，主要是通过有意识地多读名篇名著，自然地获取语感能力，这种语感能力是无意间形成的，因而更倾向于语感能力的本质——经验性特点。然而，泛读并非形成语感能力的唯一途径，"经验性"特点也并非单纯的无意识活动的结果。有些理性化、具有目的性的做法，不仅不会淡化"经验性"，还能将这种"经验性"提到理性的高度，使"经验性"在实际运用中，强化为一种自觉的行为。其途径就是对经典文章进行精读和背诵。经典的文章都是经过几世几代人不断品味咀嚼，不断筛选的精华，在语言、结构、思想等各个方面都是典范。尤其是许多作品不仅有含蓄蕴藉的语言，而且具有多解性特征，对这类作品进行精读分析，甚至背诵下来，不仅能十分有效地丰富学生的语言积累，而且能够弥补泛读过程中形成的语感能力的不足。前面说到的泛读，其语感能力的培养，是在无意识和不自觉的状态下形成的，它主要侧重于学生阅读时感受深刻、饶有兴趣的语言能力方面的培养，诸如幽默的语言及表达方式，适应学生心理的内容及其语言技巧的运用等，其内容范围与写作要求尚有很大的距离，由于学生的认识水平的限制，在阅读中有许多与写作要求密切相关的语言内容被偷偷放过了。对阅读对象进行精读和背诵，不是单纯从学生兴趣出发去吸收语言内容，而是将兴趣与理论的要求相结合，这样就能引导学生全面掌握与写作相关的语言知识，弥补泛读中的缺陷，从而提高学生写作中运用语言进行表达的综合素质。

（三）关注生活语言，形成积累习惯

增强写作中语言表达的活性。目前的学生作文，有一个最突出的不足：文字呆板，语言僵硬，千篇一律，缺少变化。这些不足形成的原因是多方面的，但其中最直接的便是语言表达。许多作文整篇都是学生腔，有时很曲折的故事、很生动的感受，进入学生作文之后，很多变得平平淡淡，甚至索然无味了，究其原因是语言积累的不足和单调。所谓不足是在总体的量上与现在中学生的写作要求有差距；所谓单调是指中学生所积累的语言的内容主要集中在流行歌曲的歌词、流行小说的语句等，其他方面的语言积累明显较少。这就使他们在描写少男少女生活时语言比较丰富，而在描写其他内容时就显得力不从心了。针对这种状况，我们除了加强前面提到的泛读和精读来积累语言之外，还必须加强对生活中的语言的关注和积累。生活是一个动态的语言信息库，它不仅随着生活内容的变化而不断出现反映这种变化的语言，而且由于人们社会分工的不同、工作岗位的差异、具体生活处境的差异以及人们性格上的差异等形成富有特点的个性化语言。

同样，这些语言又成为反映他们具体生活内容及个性的最真实的语言。学生在日常生活中时时关注各行业各类型人物的语言，并将其中富有表现力的语言记录下来作为语言积累的内容，并在写作具体生活时选择使用，就会逐渐地使作文从文字呆板、语言僵硬、千篇一律、缺少变化的状态走出来，从而增强作文的活力，写出写作对象的特色。

通过培养语感能力来提高学生的写作水平是写作自身用语言表达思想最本质的要求，没有或缺少语言的积累而单纯追求对作文结构技巧等方面的掌握，总免不了单调、抽象，产生不适于实际写作需要的弊端。从本质上来说，写作就是用语言进行表达，缺少语言积累，一切写作训练都将是搭建空中楼阁。因而通过培养语感能力来提高学生的写作水平是尊重写作自身规律，是全面提高学生写作能力的必然途径。

第二节　语感能力培养

语文课程标准颁布和实施以后，语感能力的培养受到关注。除了理论研究和探讨的不断深化并出现了一批可喜的新成果之外，操作方面的探索也在原有的基础上获得推进。理论探讨与实际操作的共同发展，促使语感的内涵更加丰富，语感的分类更加具体，语感的培养更具针对性。

一、通过写作训练培养语感能力

语感是一种迅速领悟语言的能力，真正高层次的语感能力，特别是书面语感的形成，离不开有意识的语感训练，离不开理性的指导。作为语文能力培养核心的语感能力，其同写作的关系十分密切。一方面，语感是领悟和理解别人写作成果的前提，缺少语感能力就难以吸收别人作品幽默、精妙的语言信息和思想，往往造成自己的写作平淡肤浅的弊端。另一方面，写作本身又不仅是语感能力的验证，同时也是语感能力的培养过程。在写作的有意无意之间，不断地调换词句、变换表达方式也是培养语感能力的一种形式。语感能力决定着写作能力，同时写作能力又促进着语感能力的发展，因而通过写作训练来培养和发展学生的语感能力是符合学生写作发展规律的。

（一）读写结合——训练语感

读写结合是我们在作文教学中的一贯做法，但过去主要侧重于对所读作品中与写作有直接关系的表层内容的吸收，诸如写作上的特色、构思上的技法以及起承转合的安排等。这种侧重，对于学生写作水平的提高是有意义的，而且能够起到立竿见影的效果，但对能力的提高和巩固就显得效果不佳了。写作技法等构成作品特色的东西，对于构思和写作的基本材料的语言来说，毕竟是外在的因素。我们不否认，外在因素的积累同样可以推动能力的发展和思维的飞跃，但是，抓住了写作的本质因素，不是能够进一步克服因长时间的外在因素（技巧方面）的积累而导致的在整体教学过程"少、慢、差、费"的缺陷。"少、慢、差、费"并不是停滞不前，有些目标也可以实现，只是要实现同一个目标而必须浪费和消耗成倍的时间和精力。因而读写结合训练中，侧重点转移到语感上来就显得十分重要了。如何进行这种训练：一是通过阅读积累语感，然后再将积得的语感用于写作的实践中。二是通过写作验证语感能力，以加强和巩固积得的语感。三是将自己的作品与相近的作品对照，找出自己语感能力上的差距，从而确立自我语感训练的重点、难点。通过训练，语感能力增强了，回过头来再读作品时，便可以通过语感直接切入本质，作品的写作特色以及阅读和写作训练的重点，便可通过学生自己切实的感悟得到解决。这不仅将教师从枯燥乏味的讲授中解放出来，而且会大大提高教学效率。

（二）作文评改——运用语感

作文评改同样一直是作文教学的重点内容。同样的原因，过去的作文评改也侧重于外在的非本质的东西，诸如错别字的纠正、标点符号的正确使用以及结构布局与表达主题是否合适等。涉及语言的，至多也不过是病句的纠正和词语搭配上的调整，而且由于这些内容不断重复，有的学生也是充耳不闻，这次纠正的毛病，下次作文中照样出现，因而作文评改在某种意义上已形同虚设。所以我们即使不是从培养语感能力这个角度讲，也应变换作文评改的方式了。通过作文评改来运用语感，既是培养学生语感能力的重要内容，也是改变作文评改模式的需要。按照运用语感的要求，教师在评改作文时，要紧紧抓住语言表达这个关键，让学生运用现有的语感能力，对自己或其他同学作文语言的语感内涵进行深入透彻的分析。例如，学生作文中有这样一句话："夏天的炎热、蒸腾了对春天的遗憾，使它成为股股滚热的蒸汽。"作者这句话要表达的意思是当初没有好好学习，现在醒悟了，要抢时间争速度迎头赶上。这句话运用季节这一形象，并通过它由春到夏的变化，来表现自己思想的变化与成熟，很形象生动，也很贴切，然而诵读起来却让人感到别扭。首先是词语间的搭配不够和谐，"蒸腾"一词不准确，"对春天的遗憾"的"对"字属多余。其次，"股股滚热的蒸汽"一句太口语化，与营造的诗意气氛相抵触。另外，其中的"蒸汽"同前面"蒸腾"中的"蒸"字重复，使整个句子显得单调。除了抓住语感分析这个关键之外，教师在讲评中，对作文中的一些重要词语进行更换并比较，对一些句子进行增加和剪除的处理后再同处理前相比较，从比较所显示的区别中，引导学生设身处地地体会和感受语言运用的技巧，从而提高语感的运用能力。

（三）进入情境——升华语感

语感能力培养的目标是通过语言感受阅读对象的内涵，同时也通过以融注自己深刻感受的语言写成文章，为他人提供阅读对象。在这一过程中，前一项是基础，因为只有读懂别人的文章，明晰别人的语言技巧，自己才能在写作中有章可循、有法可依。后一项是目的，感受阅读对象不仅是一个吸收过程，而且是一个积累过程，有效地进行表达才是积累的目的，才能进行个性化的创造，使积累的语感得以升华。写作成品往往有一个鲜明的特点，即"有感而发"，也就是说，具有可读性的作品，都是作者真情的表露，所记述的事件都曾感动过作者。作者用融注自己深刻感受的语言，把它记录下来，自然也会感动其他人。根据写作的这一特点，学生具备一定的语感之后，写作教学就应逐渐将语感能力的培养目标，从一般的运用语感分析阶段向发展语感创造情境的阶段转变，让学生富有感情地朗读自己的习作，教师则指点轻音、重音、高低调式以及停顿的处理。

由于学生的习作是有感而发的，所以对运用融注自己感受的语言所写的文章，感受会更深刻，朗读起来就会更投入地进入情境。因进入情境而实现的语感升华，正是我们通过写作训练培养语感能力的重要途径。

总而言之，写作能力与语感能力的培养是一个互动的过程，写作能力的训练可以培养语感能力。同样，语感能力又能够在写作中进行有效的迁移从而使写作能力获得提高。有了对于语言的深厚的感悟能力，才能有效地在具体表达中斟酌词句、通畅文意、领悟内涵，才能在阅读中，根据文章内涵运用好轻音、重音、高低调式以及停顿等语感范畴的技巧。因此，语感能力是一种综合能力，它既直接影响着写作，也直接影响着阅读。

二、语文课程的整体把握与语感能力的培养

语文课程的整体把握和语文课程实施中的语感能力的培养是语文新课程的两个重要理念，共同体现了语文课程标准对传统的继承与超越，它们相互支撑、相互促进，呈现出语文课程新的面貌。然而人们在理解和实施中，却往往漠视

它们之间存在的内在联系和相得益彰的因果关系，只是把它们作为孤立的教学内容和教学要求各行其是。这不仅违背了语文课程标准中整体把握的内涵，也违背了语感培养的自身规律，因此，在对语文新课程的理解和实施中，加强两者的联系，突出两者相互支撑、相互促进的作用就显得十分必要。

（一）语文课程整体把握的本质及要求

语文课程的整体把握是语文课程标准针对语文课程的整体性提出的，它既是语文课程的重要理念，同时也是具体的操作要求，其内涵与要求有以下两个方面的内容。

第一，语文课程内容之间的联系性和完整性。整体把握的确定基于语文课程内容的整体性构成，语文课程内容的因素是十分丰富的，尤其是生活化语文课程的确立，使这种丰富性更加突出。这些丰富的构成因素无论是内容与内容的关系，还是内容与形式的关系都是统一的，它们之间构成十分密切的联系，任何因素的缺席和误读都会影响其客观性和完整性。以语文课程实施的最重要依据语文教材为例，作为构成语文课程的重要因素，它自身也是一个具有体系性的完整存在。这个体系性体现在知识与能力之间的密切联系、情感渗透与价值观培养的关系以及奠定基础与发展素养的规律等的有机结合。再具体的文本教学，也要将文本作为一个整体进行把握。文本作为构成教材的具体内容，它同样是由多种因素构成的，因此，对内容的解析要联系形式因素，对重点的把握要有充分的非重点内容做支撑，只有这样才能通过对内容联系性的挖掘，实现整体把握。

第二，通过体验和感悟的形式获得对内容的综合理解，整体把握重要的和最深刻的方式是整体感知。语文教学实施中的传统和语文课程的把握方式是单纯的讲授和分析。但这并不是造成传统语文教学整体把握缺失的全部原因，在对传统教学"肢解性分析"的反思中，对方式的反思还存在着局限，即单纯的讲授只能是外在的理解。语文课程标准与整体把握相对应，特别强调体验和感悟，要求引导学生直接进入文本的具体语言。

环境中，从构成内容的全部因素的内在联系中，根据自己的个性特点对各因素进行独特的组合，从而构成新的整体，只有进行体验和感悟才能改变单一的讲授给文本理解带来的肤浅和片面，由于感悟和体验本身就是通过综合和联系而对感受和体验对象获得整体性把握的过程，因此，要达成符合新课程要求的整体把握，感受和体验是不可缺少的。

（二）与整体把握相对应的语感的整体性

与语文课程整体把握的特点和要求相对应，语感具有整体性的特点，这是它们之间紧密联系的关键所在。语感的整体性就是对整篇课文通体感知，对思想内容和言语形式不加分解地全盘把握，能够理解文本的重点语句并能使用这些语句贴切地表述文章的基本内容和形式，做到完整而不肢解地形神兼备地把握，由此可以建立对文章的理解和语感相互促进、相互迁移的机制。

1. 语感是对语言的敏感

语感是对语言的感受能力和反应能力，这种反应包括直觉性，即它几乎是对语言的一种下意识的本能的反应，超越了中间分析、推断与验证的环节，自然地识别理解句子，创造和生成句子。整体性，即由于语感是主体直接作用于语用层面的言语同化，已经舍弃了对语素、词意、词汇、语法等具体语素的条分缕析，所以它对言语对象是进行多角度、多层面、全方位的整体把握，是感性与理性、经验与理论、具体与抽象交互作用的深层积淀。体验性，即语感不仅能对言语对象在语言知识方面做出正误的判断，而且能够对内容的是非真伪与形式的美丑做出判断，人们在对言语感受进行判断的同时，能在内心深处深刻体味语言信息中所蕴含的真善美，从而产生情感的共鸣并受到陶冶。

2. 语感的构成因素

从上述语感特点的叙述中可以看出，语感是一种综合性的能力，构成综合性的各种因素共同处于一个整体中，构成因素包括语言学知识、语言学原理内容因素、形式因素以及丰富的生活积累和语言交往的实际经验。这些分属不同类别、处于不同领域的各种因素聚集在语感能力中，使语感具有十分丰富的内涵，因此形成和培养语感能力要进行多方面的积累和运用实践，只有将这些积累通过运用实践，逐渐联结、融合在一起，直至成为一个整体，才能形成和发展语感能力。语感的整体性特点要求语感能力的培养必须依靠综合性培养和训练，即丰富的多学科的知识积累和运用知识进行形式多样的语言运用训练。

3. 语感培养和实践的方式是体验和感悟

语感能力就是感受语言的能力，是充分的理性分析能力和敏锐的感受能力相结合所形成的悟性。因此，它才能够面对具体的语言对象，超越分析、归纳、概括的中间环节，直接参破内涵，进入本质。这是语文课程标准所积极倡导和推行的方式，是与整体把握的要求相一致的。从语文课程整体把握相对应的语感的整体性特点的分析中我们可以看出，一方面，语文课程整体把握的内涵中应该包含语感的整体性，它们是大概念和小概念的关系。虽然有相当一部分人认定语文教学为"语感中心说"，但它仅仅是中心而不是全部内容，而整体把握作为语文课程的整体理念之一，必然包含着语文教学一项核心的内容——语感的整体性。另一方面，语文课程的整体把握与语感的整体性是相得益彰的。只有确立和实施以语文课程整体把握理念的教学，语感的整体性特点才能被突出，而语感整体性被突出，反过来也能强化整体把握的实施力度。

（三）整体把握与语感能力培养的相互作用

整体把握与语感能力的培养作为语文新课程两项重要内容，具有深刻的内在联系。无论是整体性特点，还是体验、感悟的方式，都具有本质的相通之处。因此，发挥它们的共性价值，实现两者的相互促进和有效迁移，成为落实新课标和提高学生语文素养的重要途径。

1. 通过整体把握培养语感能力

把一切都学到手以前，没有哪一部分是可以完全学会的。以此作为对整体把握与语感能力相结合分析的依据，语感能力的培养，如果对构成语境的因素的一些内容在无意中忽略，甚至有意漠视，那么就无法把握它的真正内涵。所以，整体把握是语感能力培养的前提，整体把握的成果可以作为语感能力培养的直接经验和方法，运用于语感教学中。

2. 运用语感能力促进整体把握

整体把握和语感能力培养的实施都需要对学生整体意识的培养。这种整体意识的培养除了具体教学中的强调之外，还必须在日常教学中进行无意识的渗透，这对于学生语感意识的形成有着更深刻的意义。而语感能力的培养作为语文课程实施中的重要目标和具体教学内容，在这方面有着不可替代的优势。通过语感教学潜移默化地培养出的整体意识，对于规范学生的思维，促进整体把握的实施具有直接作用。同时，语感教学所培养出来的语感能力是语言知识与语言运用能力相结合的结果，带有明显的经验性特征，具有普遍性。因此，语感教学中所获得的能力有些可以直接运用于整体把握教学中，有些则可以通过迁移在整体把握教学中发挥作用。

3.将语文课程实施中的整体把握与语感能力的培养有机地融合为一体

前面分别从整体把握对语感教学的促进作用和语感教学对整体把握的两个方面的影响，论述了它们之间相互促动的关系。在实际教学中，由于它们都是构成语文课程的重要内容，因此根据整体把握原理和它们之间存在的许多共性及特殊联系，在具体实施中，必须将两者有机地融于一体。首先，在整体把握中要对构成整体的各个内容自身的整体性予以重视。语言作为构成语文课程整体性的重要因素尤其要重视。没有对语言的整体把握就不可能实现科学的、完整的对语文课程的整体把握，而语感能力的培养是整体把握中不可缺少的内容。其次，充分全面的知识背景及强调语境的意识是语感整体性的主要特征。对具体语言对象而言，积累充分全面的知识一方面要关注具体语言环境所涉及和展现的知识，另一方面还要对知识和经验储备进行调动，从而改变整体把握中"一刀切"式的结论出现的状况，通过语感教学，促进整体把握的个性化，使整体把握的内涵更为丰富。

语文课程整体把握与语感能力的培养之间具有许多共性，存在着特殊性，但由于人们对语文课程实施认识上的限制，这些共性和特殊性还没有在教学中真正发挥其所应产生的相互促进的作用，因此，对其进行深入探索和积极尝试，无疑是有意义的。

三、语文教学中说与写的语感差异及对策

语感的概念由泛泛的对语言的感悟，具体为对说的口语语言的感悟和对写的书面语语言的感悟。这种分类的具体化，为有针对性的实施和充分实现相互之间的迁移奠定了基础，也使感教学更加贴近客观规律和实践需要。

（一）说与写的语感差异

语感的形成与运用是由说与写两个渠道所构成的，两者虽然有共同的基础，但在形成过程和运用方式上存在着明显的差异。

第一，说的语感即口语语感，主要是在口语中形成并使用的语感，其特点是灵活性，具体表现为三个方面。一是适应性。口语语感形成并运用于口语中，是在长期口语交际中发展起来的，因此，口语语感对口语交际具有适应性。口语交际具有即时性特点，表现在口语语感上就是迅速地应变。二是简散性。"简"就是用语简略，往往根据具体口语交际的前提和环境省略一些因素。"散"是指结构松散，由于口语交际具有动态的变化性，所以具体的口语交际过程往往没有一个非常严密的结构，在口语表达中根据环境特点、交往双方态度和状况以及由此导致的话题的变化而不断地进行调整和适应，在结构上自然就表现为松散。三是现场性。口语交际都是针对具体对象和面对具体环境进行的，因此，在口语交际中，一方面要时时把握交际对象的特点及其变化，关注环境的影响；另一方面要通过交流中的反馈信息，对交际策略进行及时的调整。因此，现场性是口语语感的又一鲜明的特点。

第二，写的语感即书面语语感，主要是在写作中形成并使用的语感，其特点是严密性，具体表现在三个方面。一是逻辑性。由于书面写作中交往的对象不在现场，所以写作需集中对具体问题进行全方位的分析和探讨，避免因双方观点即时穿插所导致的散漫，内容更加集中，条理更加清晰，更富于逻辑性。二是精练性。由于写作的时间更加宽松，写作者能够更从容地对语言进行加工提炼，因此，笔下的书面交际语言写作的语感显得更为精练和深刻。三是语境性。一篇完整的文章，其内容与形式的有机组合就是一个完整的语境，从某种意义上说写作就是对语境的创造过程。因此，一方面，表达的格调和特点在一篇文章中语感必须统一；另一方面，对于一篇文章或著作也必须透过语境去加以理解。因此，语境性是书面语感不能忽略，也无法忽略的。

第三，说与写之间的差别和互补。通过上述分析得知，说与写之间的语感差别是明显的，一是表达形式的差异。说的语感呈现方式是口语，转瞬即逝，难以保存，而写的语感呈现方式是书面语，可以反复推敲和修改。二是能力积累途径不同。说的语感更侧重于生活情境中的交际实践，而写的语感积累，除了生活中的体验和感悟之外，更注重对文本的阅读，因此，在写作语感培养中人们更注重阅读与写作的关系。除了上述差异之外，两者还有共性基础，一是说的语感和写的语感都是基于表达的需要形成的，二是有效地提高两者水平都要借助吸收和积累，三是两者都显示着学生的综合素养和水平。这些共性为它们之间的互补提供了依据。

（二）有针对性地培养语感

说的语感和写的语感具有明显的差异，又有共同的基础，因此，在对语感的培养中，一方面在强化共性基础，突出个性差异；另一方面还必须进行有效的迁移，使语感培养达到事半功倍的效果。

1. 培养习惯，奠定基础

语感是一种能力素养，也是一种语言习惯。语感形成和发展的基础是自然的母语环境，在共同的母语环境中，除了语言天赋特别的人之外，一般人语感的发展更受环境的左右，好的语言环境是形成健康语感的基础，好的语感习惯则是语感发展不可缺少的条件。因此，在实际生活和阅读中，有意识、有目的地在语感方面进行发现、积累、体验和感悟，从而养成良好的学习和发展语感的习惯。养成在实际口语交流和书面表达中运用语感的习惯，对于说的语感和写的语感的形成和发展都具有重要意义。

2. 抓住特点，有的放矢

说的语感与写的语感之间的差异是明显的，在具体培养和训练中，既不能在概念上将两者混为一谈，也不能在训练方式上不加以区别。针对说的语感的适应性就应训练口语的快速反应和应变能力；对应简散性，就应训练口语表达中前后内容的联系及以主题为核心灵活转变话题；对应现场性，就应训练口语表达中迅速抓住关键的能力等。在写的语感训练中，对应逻辑性和精练性，就应训练思维的缜密性；对应情境性，就应训练内容的统一性及细节的真实性等。这种抓住特点的训练，使训练内容有的放矢，从而能够增强训练的效果。

3. 关注互补，实现迁移

说的语感与写的语感既有明显的差异，又有共同的基础，而其中的差异具有互补性，是两者实现互补迁移的前提。而实现这种迁移的途径就是训练实践，说的语感向写的语感进行迁移，即将口语语感特殊的训练方式运用于写作的语感训练中，如通过各种语言交际活动，拓展学生对生活的认识和理解，丰富生活底蕴，夯实生活基础，使学生的写作与生活紧密联系起来；通过口语表达，训练学生写作中语言的敏锐性和灵活性，使学生的作品更富有生命气息。同样，写的语感向说的语感迁移，则是要把写的训练方式用于说的语感训练中，通过写的训练中对严谨的结构的追求，培养学生说得完整和简洁。通过写的语言的理性、严密，改变学生口语表达的感性和散漫等，通过训练方式的相互借鉴，实现两种语感能力的相互迁移，从而使整体语感能力获得提高。

说的语感和写的语感是构成语感的两项内容，它们之间既有共同性，又有差异性，有共同性使它们以共同的基础在语感培养中相互支撑，有差异性使它们在语感中充当不同的角色，并由此形成了互补的基础和迁移的契机，充分利用它们之间的关系，正是我们制订语感能力培养策略的依据。

（三）语感积累在写作中的迁移

在"学习语言"新体系中，语感积累并不是终极目的，比积累本身更为重要的是运用语感的能力，深刻而含蓄地表达思想、抒发情感。当然，读懂别人的文章，通过语言的中介感受和领悟其中的微妙之处，是恰当、准确地运用语感进行表达的基础和前提。对一个缺乏语言感受能力的人，却要求他将自己心灵的感受，通过富有内涵的文字传达给别人，这是难以办到的。因此，一方面，具有丰富语感积累的同时，必须使语感积累在实践中得到迁移，否则积累就失去了它的本质意义。另一方面，语感积累属于具体的、个别的积累，只有通过迁移运用到实践中，才能将语感积累变成语感能力，从而完成提高写作水平的任务。为了深入了解语感积累在作文中迁移的具体情况，我们从以下三个方面进行阐述：

1.丰富的语言积累是迁移的前提

受人们认识规律的制约，语感积累在不断丰富、不断扩展的过程中，逐渐形成了多方面、多种体制、多种样式的较为完备的语言库存结构，并在此基础上抽象出了对不同题材和体裁的文章进行语感探索的技巧以及语感规律的要求，也就是说通过语感积累内容不断丰富、范围不断扩大、程度不断深入，使人们的语感认识由个别的知识性积累上升到一般的规律性把握，使语感积累的性质发生质的飞跃。然而，这只是完成了阅读阶段性的要求，而阅读的一个重要目的是促进写作能力的发展，因此，还必须将它与写作能力的提高结合起来。目前学生写作中比较严重的问题是语言平白如话，缺乏锤炼，缺少内涵，没有个性。而语感积累在写作中的运用，恰好可以弥补这一不足。所以，语感积累在写作中的迁移，对于学生走出写作困境是非常重要的。

2.联想能力的培养和语感在写作中的运用是实现迁移的必要条件

单纯有了语感积累，并不一定能有效地将之迁移到写作过程中，有许多学生说起话来头头是道，引经据典，用词也非常巧妙，富有智慧，然而写出来的文章却平平淡淡，缺少意蕴，没有生气。他们的语感积累不能说不丰富，但是写出的文章同那些缺少语感积累的学生没有多大区别，究其原因，就是没有实现语感积累在写作实践中的迁移，使得语感积累和写作成为互不相干的两回事。由此我们可以看出，并非有了语感积累就能完成写作中的迁移，语感积累在写作中的迁移有一个必要的中间环节——联想和语感积累运用的实践，可以说这两个环节是实现迁移的必要条件。写作文时通过联想激活大脑中的语感积累，再把它当作一种范例用于写作训练中。诸如写作中的炼字以及比喻、夸张、拟人等修辞手法的运用，乃至整体的结构体制、细微的表达技巧等，能够创造性地将之加诸自己的写作中，都有赖于联想和运用这个中间环节。没有联想，再丰富的积累也不过是个别的、孤立的语言材料，不会被重组为具有内在联系的整体。没有实践，个别的、孤立的语言材料就无法变成能力，联想的结果也不会变成具体的文章。

3.实现语感积累的迁移是读写结合的必然结果

读写结合是中学语文教学领域长期以来行之有效的训练模式。读写能力的培养是中学语文的重要目标，而"学习语言"教学新体系进一步加强了读写训练的力度，并规定通过阅读（包括泛读、精读、背诵）积累语言，习得语感，通过写作训练验证和巩固语感积累成果，并通过具有丰富语感内涵的文章表达思想，所以，将语感积累迁移到写作中，是读写结合的结果和必然要求。这不仅表现为写作需要积累的内容，而且通过阅读进行积累的形式也同写作中的步骤、方法相对应。诸如通过诵读辨词析句、体察语气、梳理层次，通过增加、减少、更换、调整词句以及联、改、读语段，品味和比较表达效果等。这种形式的训练在写作的修改阶段尤为重要。在修改过程中，不仅分析语感的具体方式、方法可以吸收或借鉴，其积累的结果更是修改作文时参照的楷模。阅读对写作有重要的影响，我们往往看到这样的现象：有些学生非常喜欢某一个或某一类作家的作品，阅读中积累了大量的富有特色的语言材料，写作中便不自觉地通过联想，将那些积累迁移到自己的写作中去，使写出的文章无论是遣词造句，还是语气的运用、情感的抒发等都带有鲜明的阅读痕迹，这种不自觉的语感积累的迁移，正是读写结合的必然结果。

第三节 语感能力运用

语感能力是迅速感悟语言的能力，是对语言深刻的理解、自主的感受、自如的驾驭，是对语言规律的把握和运用，是对语文知识的内化及在实践中获得的对语言的悟性，是语文教学的重要内容，同时，它既是语文教学的目标，又是促进语文能力继续发展的动力。

一、语感分析的方法和途径

语感分析就是分析语言运用的妙处，也就是说要从多角度品味语言。从阅读角度而言，是要以阅读者的个性为基础从多角度对文本内涵进行挖掘，从写作方面而言，就是通过多角度的推敲，丰富表达的内涵。因此，语感分析在语文教学中具有重要作用。了解与掌握语感分析的方法和途径，对于提高新课程下教师的教学水平具有直接的意义和价值。

（一）通过字、词、句的学习和运用形成对语言的感悟能力

我们认识了语感分析在阅读和写作中的重要意义之后，紧随而至的是如何进行语感分析的疑问。我们知道，构成文章的是语言，而构成语言的是字、词、句，也就是说，字、词、句是语言的基本单位。为了能够深入透彻地理解文章，具体、细腻而又符合文章本意地体会感悟句子含蓄而丰富的内蕴，必须从这些

语言的基本单位入手，体会其中词语搭配的推敲技巧、字词推敲的功夫以及句子所负载的丰富语感内涵。只有这样，才能够真实而深刻地体会作者丰富的情感内容，感受和体会语言运用的匠心所在。单纯的字、词、句分析，只是语感分析的切入点而不是语感分析的全部内容，文章语言意蕴的最后确定，还需将字、词、句的分析加以联系，并且将其放置在共同构成的语境中加以综合。这种做法改变了字、词、句分析孤立的、个别的、缺少联系的状态，改变了对字、词、句的分析中以基本义为核心进行挖掘的做法，用联系的观点去体会字、词、句的语境意义。例如：我们一般将"好人"的反义词确定为"坏人"，这是从这两个词的基本义来讲的，如果放到具体的语境当中，"好人"的反义词就不一定是"坏人"了，一个人得了病，却看不出什么病态，于是就说，这个人像"好人"似的，不像"病人"，这里"好人"的反义词就不再是"坏人"，而是"病人。由此可以看出，单纯地进行字、词、句分析，并不能达到深入透彻地理解文章的目的，对它的本质内涵必须进一步将其放到具体的语言环境中去加以解释。当然，作为阅读和写作中语感分析的切入点和落脚点的字、词、句的分析和运用是最基础的步骤。因而，我们强调字、词、句分析和运用是培养语感能力的基础，也是最切实的工作，是决定表达成败和理解正误的关键。

（二）形式多样的语言分析

上述内容中我们只说明了语言分析的切入点，即进行语言分析应从何处入手的问题，解决了这个问题，就进入了对语言的具体分析阶段。

1. 加一加

所谓"加一加"，就是采用在课文上增加标点、字词、句子或段落的方法，让学生比较、推敲、品味语言使用的妙处，形成语感。

2. 减一减

所谓"减一减"，就是采用在课文上删减标点、字词、句子或段落的办法，让学生比较、推敲、品味语言使用的妙处，形成语感。

3. 换一换

所谓"换一换"，就是采用置换课文的标点、字词、句子或段落的办法，让学生比较、推敲、品味语言使用的妙处，形成语感。这是语感分析最常用的方法。

4．调一调

所谓"调一调"，就是采用调整课文的词序、句序、段序的办法，让学生比较、推敲、品味语言使用的妙处，形成语感。

5．联一联

所谓"联一联"，就是采用联系前后的词语、句子或段落的办法，让学生比较、推敲、品味语言使用的妙处，形成语感。

6．改一改

所谓"改一改"，就是采用比"换一换"动作更大的对标点、句子或段落做修改的办法，让学生比较、推敲、品味语言使用的妙处，形成语感。

7．读一读

所谓"读一读"，就是采用朗读的办法，让学生比较、推敲、品味语言使用的妙处，形成语感。

这些方法实验性的运用在作文讲评中也取得了很好的效果，学生们能够在修改自己的作文和评价其他同学的作文中有意识地加以应用。

（三）多途径的语言分析

语言分析作为积累语言和运用语言的前提，必须以语言自身的特点极其丰富的内涵为出发点，不仅要进行多形式的语言分析，还要进行多途径的语言分析，通过多种形式和途径显示出语言自身的特点。多途径的语言分析与写作和阅读之间的关系是密不可分的，充分的阅读是进行良好写作的基础，而阅读中的语言分析同写作中的语言分析又有很大的不同。阅读的作品一般都是成品，对其一般只做正面的分析，主要目的是吸收其中的精华进行语言积累。而作文讲评中的语言分析虽然也需多做正面分析，但由于学生习作多是半成品，需要适当增加负面的分析，目的是借鉴。分析阅读语言，在泛读中同样只需略观主旨，注重对语言的直觉感悟，而在精读中则要落实到字、词、句、段和整个文章的语境。在作文讲评中进行语感分析，既可以学生为主教师为辅，也可以教师为主学生为辅，还可以作者与分析者两相结合，既可把分析的重点放到字、词上，也可以将分析的重点放在语境中。除此之外，语言分析还可以将语言积累和运用相结合，体会和理解通过语言分析进行文章修改的实际内容，深入挖掘其中分析及修改的精妙之处和异议。通过这样的活动，让学生将自己的理解和体会运用到实际的作文中，完成之后，作者自己介绍具体词语、句段及语境方面的语感寓意，同学谈论、判断其语言寓意的合理性和不合理性，加强学生的语感分析能力和运用语感的实践能力。多样化的语言分析中，还包括教师将学生或作家的范文做有意地曲解，并以充分的理由为曲解立论，然后学生讨论后进行判断，同样也有很好的结果。

总而言之，语言本身是一个内涵丰富的综合体，而集中体现培养、提高语言能力的阅读和集中体现运用语言能力的作文教学，也就因语言材料内涵的丰富性而要求形式和方法的多样性，也就是说语言分析的多形式和多途径是语言能力本身丰富性的要求，同时作文教学也应反映学生个性特点的要求。因为千篇一律的方式和方法也是难以适应不同学生群体的多样要求的。

二、语感分析技法与中学语文名篇修改

从中学语文名篇的修改总体情况看，很少有大的诸如结构调整之类的改动，而是在总体内容和框架基本不变的情况下，对细部进行修改，使意义更明确，表达更清晰，同时，并不是孤立地对个别字词进行改动，而是着眼于整个语境，从词语的语境意义上去分析、挖掘、体会、涵咏它的内涵和效果。在这样的修改名篇训练中，采用语感分析的技法获得了极佳的修改效果。

（一）删繁就简，凝练集中

简明扼要，抓住事物的个性，进行高度的概括是写作的重要要求之一。语感分析在文章修改中的删繁就简，正是为了实现这一要求而进行的具体操作，它运用语感分析挖掘词句与文意的具体联系，进行有效的简化和提炼，使表达效果更加鲜明突出。从中职语文名篇修改的实际操作中，我们知道运用语感分析对文章进行修改可以使语言更加凝练，文意更加集中。

（二）调换增补，具体流畅

在中职语文名篇的修改实例中，除了前面说的对原文多余的、与整个描写相矛盾的以及无足轻重或游离论题的文字进行删繁就简之外，同时也有词句的

调换和增补行文的修改。这类修改往往是针对文章表述不准确或衔接不流畅、交代不清楚而做出的。

（三）品味精选，恰当准确

文章的表达效果需要整体组合上的优化，而构成组合的句子更需要由经过品味和精选的字词组成，才能达到恰当、准确的表达效果，因而从根本上说，一篇文章的表达效果，最重要的是从整个文章的内容出发，写好每一句话，选择好每一个字词，尤其是关键性的字词，应该做到反复品味，细致推敲，精心选择，中职语文名篇的修改实践为我们在这方面的学习提供了丰富的参考价值和宝贵的经验。

（四）语句呼应，前后贯通

在一篇文章中，每一句都经过深思熟虑，每一个词都经过反复的推敲，这还不够，因为文章必须是一个完整的统一体，没有一个系统化的整体，即便是再好的名言警句堆积在一起，也不会成为一篇完美的文章。文章内容是一个在统一的框架之内有平静舒缓也有起伏跌宕，有低谷也有高潮的动态行进的过程，它不仅需要有引人注目的闪光点，更需要将聚积起光亮的元素大量地、最优化地组合在一起，就像构成文章的单位必须统一在大的框架之内，相互依托，互做注释，相得益彰。感悟全篇的情绪和氛围，使语句之间相互呼应，前后贯通，这是文章修改中最基本的原则。中职语文名篇的修改实践在这方面也为语感分析在文章修改中的意义做了有力的诠释。

三、中职语文篇目修改中的语感分析与句读意蕴

在语感分析技法的运用中，不但注重让学生去接触和感受语言材料、运用语言和分析语言的语境意义，而且注意到了与这些内容密切相关的对句读的分析，将其归为语感分析的重要组成部分。这里的句读绝非单纯的间隔语言的符号，而是规范和强化语言意蕴的重要手段，其本身也负载着对它们内容的意蕴。

目前大多数学生写作文时，标点的作用似乎只是语言推进过程中的间歇，几乎就是可有可无的东西。加上教师在教学过程中有意无意地淡化，没有多少学生肯在这个看似平常实际却很重要的问题上下功夫。翻开学生的作文，一"逗"

到底，或除了逗号就是句号的不乏其人。所以，句读的运用已成为现在学生作文中不可忽视的问题，那么如何提高学生运用句读的自觉性，从而增强表达效果呢？我们必须从语感分析入手，通过对语境意义和对语言自身内涵的具体分析对句读做出恰当的安排。这里，我们以中职语文篇目对句读的修改为范例，通过修改前后句读所显示出的意蕴的差异，为学生提供范例，也为教师提供指导参考与教学经验。

（一）改变标点

在中职语文篇目的修改中，标点符号的修改实例最多。标点符号的改变，不仅使文字所包含的内容更为清晰，而且其本身也成为一种意蕴的特殊载体，从而打破了固有观念中标点只有单纯的语句间隔作用之片面性。

（二）删除标点

标点的删除同标点的改换一样在文章修改中有两个意义，一是强化或集中表达的思想内容，使其更为凝练；二是使复杂或显得混乱的语法结构更为规范。

（三）增加标点

为了使表达的内容更加清楚、具体、条理清晰，语言更加通畅明快，中职语文篇目的修改实例中，也有在原文的基础上增加了一些标点的。

第四章 基于语文学科核心素养的中职语文综合实践教学策略

第一节 中职语文综合实践"双主线"活动结构设计策略

"双主线"指活动以培养学生语言文字运用能力和丰富学生人文底蕴为主线，双线并进，相辅相成。这里的人文性，"不把语文看成仅仅是没有内容的符号和工具，而是突出语言中的思维、审美和文化，只有充分认识到'语言是运用中的言语'，才能将工具性和人文性统一起来，也才能真正发挥语文课程立德树人的特殊功能"。"双主线"的活动结构，要求以语文知识和能力为"骨架"设计序列化、切合学生实际的系列活动，将培养语言文字运用能力和发展思维能力、涵养内在精神、丰富人文底蕴融为一体，转识成智，促进学生全面和谐发展。"双主线"的活动结构，为语文综合实践的有效设计与实施明确了基本准则和要求，是实现活动价值的关键。

一、夯实语言基础，发展思维品质

（一）建立优质语感，提升语言运用能力

"母语的语感是一种不需要刻意组织就能自然运用语言和不需要分析就能感到哪些说法不能成立的直觉"。这种直觉能够帮助学生更好地表达思想，促进学生更快提高语言运用的能力。但是，这种直觉并不是天生就有的，而是后天习得和慢慢积累的结果。因此，教师要充分发挥语文综合实践自身的优势，借由多样的言语实践活动，让学生心、口、耳、眼并用，加强学生对语言感知的强度和广度，加快语感的生成速度，帮助学生"积累较为丰富的语言材料和言语活动经验，形成良好的语感"。当然，教师也不能只注重对学生语言感知

层面的提升，要引导学生对语言现象形成理性认识，培养语理。在学生听、说、读、写的具体活动中，教师要关注学生言语表达的习惯和水平，及时指出存在的问题，帮助学生理解口语与书面语的差异，概括语言的运用规律，使语感的形成更为自觉，逐渐改变语感的品质，从而更好地提升语言运用能力。

（二）强化言语实践，训练思维能力

一般人的思维都是以语言为载体的思维，"形于外的听话、说话、阅读、写作等言语操作技能，也包括隐喻中的思维——借助内部语言在头脑里进行认识活动的心智技能"。也就是说，内在思维品质提高了，语言组织与表达能力也会提高；语言运用能力提高了，也可以更好地表达思维。"语文学科作为一门语言与思维相统一的学科，正是在语言和思维的结合上既发展着学生的语言，又发展着学生的思维。"这一特点是语文学科所独有的。

中职学生的思维结构日趋发展和成熟，是形成思维品质的重要阶段，学生对语言现象的比较、辨识、分析、归纳和概括，对语言规律的总结与运用，直接影响着形象思维和抽象思维共同完善、协调发展。因此，教师在活动时，要根据中职语文教学的特点和学生思维发展的规律，结合专题教学内容，引导学生大量阅读相关文章，加大信息输入量，夯实阅读能力，不断丰富学生的思维材料，充实学生的思维结构；设计能激发学生兴趣的学习任务，开展积极的语言实践，鼓励学生提出问题，学习多种思维方式和方法，以分析问题、解决问题，提高思维的深刻性、敏捷性、灵活性、批判性和创造性；以丰富的成果展示形式，为学生创造多样的表达方式，引导学生能用自己的语言阐述看法和见解，并对他人的言论进行有效的反馈和互动，在"阅读——思考——表达"的整体训练中，使听、说、读、写的外在语言能力和运用语言进行思维的内在能力所构成的真正的语义能力得到锻炼与发展。

二、丰富审美体验，提升审美品位

"审美能力是人类文明程度的主要标志"。《中等职业学校语文课程标准》将"审美发现与鉴赏"作为语文学科核心素养的一个方面，突出了语文学科在培养学生审美能力方面的功能与任务。当然，语文学科更注重通过感受语言文

字独特的美和文学欣赏来培养学生的审美能力。《中等职业学校语文课程标准》强调："注重阅读中的情感体验，品味语言艺术，获得审美发现，感受和体验作品的语言美、形象美和情感美，丰富审美体验，提升发现美、体验美的能力"，以及"在审美体验的基础上开展审美鉴赏活动"。可见，"审美能力是审美体验的产物"。

语文综合实践的"语文性""综合性"特点，为审美能力的培养提供了多样的媒介和素材，其"实践性"特点，为审美能力与品位的发展和完善提供了途径。活动开展时，教师要提供丰富的言语实践活动，如演讲、辩论、观察、写作等，引导学生揣摩、运用语言文字，进一步增强对语言文字的审美意识；借助不同的活动主题，引导学生大量阅读相关的优秀文学作品，从语言、形象、情感等多个角度鉴赏作品，获得审美体验；"并努力运用口语和书面语表达自己的审美体验，提高语言文字的表达效果和美感程度"。训练欣赏美、评价美的能力，以提升审美品位。

三、丰富文化底蕴，完善人格修养

"文化是民族的血脉，是人民的精神家园。"语言文字是文化的重要载体和表现形式，《中等职业学校语文课程标准》中对语文学科核心素养"文化传承与参与"方面的阐述，将学生对中华优秀传统文化的体认与传承延伸至对当代文化的关注和参与，进一步明确了学生的社会责任。

语文综合实践的素材是开放性的，从古至今，从国内到国外，从天文到地理，包罗万象，内容丰富，渗透着中华优秀传统文化、革命文化、社会主义先进文化，以及不同民族、区域、国家优秀文化的元素，为"文化传承与参与"素养的落实提供了沃土。因此，教师在学生运用语文能力解决问题的过程中，要加强渗透中华优秀传统文化的要素，促使学生体认其中蕴含的传统美德、人文精神，培育文化自信；要有意识地融合各种优秀文化的元素，引导学生探析其中蕴含的民族思维方式、民族精神，拓宽学生的文化视野，理解文化的多样性和包容性；也要注意引导中职学生关注现代产业文化，结合所学专业理解文化内核，并能观照自身，增强社会建设的使命感和责任感，从而丰富学生的文化底蕴和内涵，不断完善学生的道德品质和人格修养。

第二节　中职语文综合实践"四步骤"活动流程设计策略

基于学科核心素养的"学科的设定必须包含具体的教育活动本身，设定学科的环环相扣的四环节：目标、内容、活动、评价"。具体到基于语文学科核心素养的语文综合实践，"四步骤"即指按照活动目标、任务、流程、评价的基本步骤设计活动，提升学生学习能力，提高学生学习效率。"双主线"是实现活动价值的关键，"四步骤"则是"双主线"的保障，也是活动有效实施的前提和基础。

一、依托专题学习，确立指向明确的活动目标

问卷反映的教师课程开发能力欠缺以及评价随意的问题，其源头在于教师不能对单元（或一个学习阶段）的学习目标和内容进行综合分析，确立指向明确的活动目标。《中等职业学校语文课程标准》不再将阅读与欣赏、表达与交流和语文综合实践分列为三大教学内容，而是借助 15 个专题将其作为学习方式进行了整合。以专题的形式架构课程内容，其学习内容的开放性和学习方式的综合性对语文综合实践的目标确立提出了挑战。

（一）分析专题的学习内容与要求

教师要认真研读《中等职业学校语文课程标准》，研究每个专题的内容要求和教学提示，梳理出这个专题主要的语文能力训练点和人文精神教育内容，确立活动目标的基本指向和框架。如"中外文学作品选读"专题，其文学体裁包括散文、诗歌、小说、戏剧，主要学习内容应该是运用多种阅读方式，从语言、构思、形象、意蕴、情感等多个角度欣赏文学作品，提升学生的文学欣赏能力和审美品位，可开展的活动有诗歌朗诵会、读书交流会、课本剧表演等。这就明确了活动的基本方向和主要活动方式。在此基础上，教师还要注意专题之间能力训练的衔接与递进，如"中外文学作品研读"专题，就要在"中外文学作品选读"专题学习的基础上，进一步加大阅读、思考和表达的广度和深度，

提高审美鉴赏能力，以更为丰富多样的活动，倡导个性化阅读与表达。

（二）分析学生的学习情况

教师要根据不同年级学生语文学科核心素养的发展水平和要求，整体规划语文综合实践的目标。中职一年级更注重学生阅读兴趣的培养，语感的训练和养成，语言表达的清晰和通顺，能通过探究语言现象，整合信息，提炼观点，有基本的审美欣赏能力和一定的文化积累。中职二年级更强调结合专业，运用不同媒介加大阅读的广度和深度，形成问题意识，具有质疑精神，鼓励个性化表达与创作，追求高尚的审美情趣和品位，增强文化自信和道德修养。当然，整体的教学目标细化到不同的专题学习，又各有侧重。教师应立足全班学生，分析学生在之前的专题学习中，通过阅读与欣赏、表达与交流等活动已经掌握了哪些知识，形成了哪些能力，学习中还有哪些问题或困难，哪些知识没有理解或不能灵活运用，哪些能力较为欠缺，审美能力如何，等等，并深入分析这些问题的原因，从而判断学生在活动中应该达到的基本要求。

（三）确立指向明确的活动目标

专题的布局着眼于语文学科核心素养的整体发展，语文学科核心素养的培养与提升贯穿于 15 个专题的学习，但语文学科核心素养的每个方面并不是在每个专题中都得到了均衡的发展，其中，语言理解与运用是所有专题学习的基础，其他三方面的素养在每个专题中都有所体现，也有所侧重。如"中外文学作品选读"专题更侧重文学欣赏能力和审美品位的提升，"实用性阅读与交流"专题更侧重培养思维的逻辑性，"古代诗文选读"专题更侧重对中华优秀传统文化的理解与传承，等等。同时，每一个专题通过阅读与欣赏、表达与交流及语文综合实践等活动，又侧重于哪一方面语文知识和能力的强化训练，教师也要有所区分。如"语感与语言习得"专题更突出语言基础知识的积累和运用，"中外文学作品选读"专题在此基础上，更强调结合文体特点从语言、构思、形象、意蕴、情感等多个角度欣赏作品。因此，基于专题学习的整体要求和具体内容，以及学生的学习情况，教师要将显性的语文能力训练点和隐性的人文精神教育内容进行融合，确立出指向明确的活动目标。如"整本书阅读与研讨"不同于单篇或群文的阅读，它是以完整的一本书为阅读单位，强调综合运用阅读方法，

"理解作品的思想内涵和艺术特色"，促进对文化的学习与思考。因此，围绕这个专题开展的语文综合实践活动，应将目标确立为综合运用精读、略读与浏览等阅读方法，读懂文本，把握文本的艺术特色；运用多种方法查找资料，理解文本丰富的内涵，砥砺自己的思想，汲取各种文化的精髓；开展形式多样的交流活动，表达自己个性化的阅读心得，分享、展示阅读成果。

二、整合课程资源，设计具体、有特色的活动任务

《中等职业学校语文课程标准》指出"教师要充分利用与开发各种教学资源来支持学生的学习"。这就涉及到课程资源开发与利用的问题。语文综合实践是开放的，面向的是学生生活的整个世界，其可资利用的资源较为丰富。教师需要考虑的是，如何围绕活动目标开发、整合、优化课程资源，提炼新颖又切合学生实际的活动主题，设计具有特色的、可操作的活动任务。

（一）整合课程资源，提炼活动主题

《中等职业学校语文课程标准》中罗列了纸质资源、数字化资源、生活资源、地域特色资源等课程资源，并对每一种资源的开发与利用提出了具体要求和方法。每一个专题虽然可开展的语文活动非常多，但专题中人文精神教育的主题已经明确了活动主题的基本指向。需要注意的是，虽然每个专题人文精神培养目标的主题是相对集中的，但其内涵往往较为丰富，如创新思维培养目标，就涉及认识创新的意义和作用，理解创新的本质及内涵，了解创新者必须具备的基本素质，明晓创新的路径和方法，形成自觉创新的意识，等等。因此，教师需要围绕活动目标，对专题的人文精神教育目标进行分解和细化，对资源进行分析，综合考虑多方因素，寻找活动开展的最佳切入点，确定活动主题的具体内容。如依托"古代诗文选读"专题开展的语文综合实践，活动目标是"通过阅读、改写和诵读中国古代优秀诗歌，感受古典诗歌的艺术魅力，进一步丰富语言积累、情感体验和文化积淀"，学生可借助教材、辅导用书等纸质资源，以及数字化资源，梳理文言文基础知识，深入理解诗歌的内涵，从中华优秀传统文化的主要内容中提取出自己最感兴趣的理念、美德或人文精神作为活动的主题，如"千古悠悠家国情"，用形象化的语言表明我们应该接受中华优秀传

统文化的熏陶，将家国情怀化为我们的精神基因，代代相传。活动主题的内容确定后，再结合生活资源和地域特色资源，确定这个主题的活动形式，并作为副标题呈现。如"千古悠悠家国情"既可以结合学生学习、生活实际，设计"古诗文改写活动"，也可以结合学生专业，设计"家国情怀诗画展"，还可以根据地方特色，设计"家国情怀主题博物馆"，等等。

当然，在整合课程资源时，教师要自然融入职教元素，体现职教特色。如情境的设置要尽可能考虑职场生活情境，目标的确立要尽可能考虑学生的学习基础和认识水平及发展需求，活动内容和资源要尽可能选择与专业（职业行业）有关的内容，活动内容要适当融入或体现职业素养元素，等等。如同样是以"走进家乡"为活动主题，机电专业的学生可选择"家乡的机电工业"，烹饪专业的学生可选择"家乡的饮食文化"，导游专业的学生可选择"家乡的自然和人文景观"，等等。

（二）善用课程资源，设计活动任务

如果说活动主题就是一个总任务、总项目的话，教师还要设计多个子任务，分则重点指向活动目标的某一个或几个方面，合则达成整个活动目标。因此，教师要综合考虑阅读、口语和写作在不同任务中的训练角度及侧重点，对每个活动任务的能力训练点及各个能力点之间的关系有清晰的认识和把握，或分点（能力点）训练，或循序渐进，以使各任务形成一个布局合理的训练网络。教师还要根据活动目的和主题挖掘、选择优质的活动资源，使活动任务更具特色和针对性。如"古代诗文选读"专题语文知识和能力训练点包括：掌握古代诗文基础知识，有感情诵读，品味语言，运用评点方法，表达阅读的感受。如果确定的活动主题是"千古悠悠家国情——古诗文改写活动"，可设计子任务：感受"家国情"（查找、阅读抒发家国情怀的古代诗文，选取自己最喜欢的一篇作品，写作推荐词），领悟"家国情"（运用评点方法，研读所选古诗文，并将其改写为散文或散文诗），升华"家国情"（给古诗文的作者写封信，交流对诗歌的理解，并将改写后的作品与其他人分享），共享"家国情"（组内交流改写的作品，推选出最佳改写作品，确定诵读的形式，选取背景音乐，制作相关演示文稿，全班展示）。这几个子任务之间形成梯次的关系，每个活动任务集中力量训练一两个方面的能力点，其中，感受"家国情"重点训练学生围绕主题遴选古诗文，在理解所选古诗文内容和思想的基础上撰写推荐词的能力；领悟"家国情"重点训练学生合理想象，改写忠于古诗文内容和情感、语言优美的散文或散文诗的能力；升华"家国情"重点训练学生表达自己的见解和看法，以及撰写书信的能力；共享"家国情"重点训练学生进行积极有效的交流，以及诵读的能力。四个任务都以理解古诗文为基础，渗透"家国情怀"的情感教育，同时，这些活动任务和内容并不是固定的、唯一的，学生也可以根据自己的兴趣和特点，整合资源，重新设计活动任务或根据任务重新选择活动内容。

另外，调查问卷中显示的学生科学态度和求实精神不足的问题，主要源于学生对资源不能进行科学、合理的选择和利用，而"整理、分析收集的信息有助于活跃、提升思维活动"。因此，在开发与利用课程资源时，教师要针对学生过分注重网络资源和不会整合资源的现状，指导学生查找资源的多种方法，并在理解作品内容和思想的基础上，引导学生关注生活，从身边的世界中选取、辨别、筛选资源。

三、优化实施策略，规划基于学生学习的活动流程

"实施环节是检验教学理念、目标是否真正实现,教学资源是否得到了充分、合理、创造性地利用的关键。"而科学合理的活动实施步骤可以保证活动有序、有效开展。中职语文综合实践的实施一般有五个阶段：明确活动任务，选择活动形式，设计活动方案，实施活动环节，交流活动成果。在实施过程中，师生组成学习共同体，协同开展活动。学生在教师指导下自主开展活动，习得知识，运用知识，发展能力，锻造品格。教师需要思考的是，如何优化实施的策略，科学规划活动流程，变"教师教"为"学生学"，以真正实现活动的价值和目的。

（一）创设问题情境，培养质疑精神

"'核心素养'的养成意味着学习者面对真实的环境，能够解决问题的整体能力的表现"。《中等职业学校语文课程标准》指出："语文实践活动情境是语文学科核心素养形成、发展和表现的载体""语文综合实践侧重考查在不

同情境中综合运用语文知识和语文能力解决问题以及评价反思、发现创新等内容"，而"有价值的教学情境一定是内含问题的情境"。其中，"情境""解决问题"和"发现创新"等关键词，明确了语文学科的教学最终应也指向于学生的问题解决能力和创造能力，而且这些能力的培养必须要依托于真实、具体的情境。也就是说，语文学科核心素养"不是直接由教师教出来的，而是在问题情境中借助问题解决的实践培育起来的"。

语文综合实践活动是一种情境式的言语实践活动，基于语文学科核心素养的语文综合实践应将活动所要解决的问题的相关信息蕴含在特定的情境中，这个情境中除了包含需要解决的具体问题，还要提供解决问题的条件，以最大限度地激发学生探究的欲望和信心。学生通过对情境中相关信息的分析，找出解决问题的条件、层次和交结点；调动已有的学科知识与经验，在解决问题的过程中进一步感知、理解相关学科知识，不断产生新的问题，从而形成自觉的问题意识，促进知识的自主完善与建构。需要注意的是，问题情境只是触发学生探究的"引子"，思维训练的系统性和持久性决定了教师需要充分发挥指导、协调的作用，在语文学习活动中训练学生发现、分析和解决问题的能力，培养质疑精神，激发创新思维，提高问题解决能力和创造能力。

（二）优化组织形式，变革学习方式

学生学习能力有待提高的问题，说明学生学习方式陈旧，亟须变革。学习方式是"学生在完成学习任务时经常表现出来的习惯化了的学习策略和学习倾向的综合"。语文学习方式应该包含学生学习语文的态度、习惯、方法和策略。基于语文学科核心素养的中职语文综合实践应"以学生为中心，基于学生，为了学生"，变革学习方式，"培养学生自主、合作、探究的能力，激发创新思维"。具体到语文综合实践中，教师选择和运用合适的组织形式，可以积极促进学生学习方式的转变，提升活动效率。一般来说，语文综合实践的组织形式主要有三种：个体探究式、小组合作式和集体交流式。教师需要根据活动目的和任务，结合活动组织形式的特点、适用情况、实施条件，整体设计活动的组织形式，以发挥学生开展活动的主动性和积极性，便于活动的实际操作。

1. 个人探究：自主与指导相结合

探究学习是"在教师指导下，学生自主探究有关问题并获得相应知识、经验以及相关能力的学习方式"，重在培养学生独立思考、自主探究和解决问题的能力，是语文综合实践中最基本、最便于操作的组织形式。调查显示学生的主体意识、探究意识都有待加强，这就说明个体探究的组织形式并没有充分发挥作用，因此，教师要充分考虑个体探究式的实施条件，引导学生自主、积极地探究，在必要的时候给予适时的指导，确保探究的实效性，具体设计时要注意以下两点。

一是探究任务要具有可操作性。探究学习的理论依据源自于建构主义理论，所以，学生个体的现有经验、知识水平和实际能力直接决定着探究活动的广度和深度。而语文综合实践能否开展得有价值的关键，就在于能否使不同的学生在原有的基础上都得到提升和发展，因此，教师在选用个体探究形式的时候一定要充分了解学生的兴趣和能力，选择切合学生实际、便于学生进行自主探究的具体任务以及方法途径和呈现方式等等。

二是教师指导要具有针对性。个体探究活动强调个别学习，其弊端在于学生思考、解决问题时往往会以自我为中心，从而偏离甚至违背活动目标。这时，教师的指导便尤为重要。教师要根据活动任务指向的能力训练点，结合学生的学习基础和能力，针对学生可能存在的学习困难预设指导的方法。这种指导不仅在于要为学生提供完成任务必需的资料，发挥支援支撑作用，也在于及时发现学生出现的问题，提供解决问题的路径，发挥指导匡正作用。

2. 小组合作：立足于学习共同体

语文综合实践中的许多任务靠个人的单打独斗是无法完成的，需要同学、师生之间互相协助，进行合作学习，而且"要从根本上提升探究学习的品质，培育通用能力的协同学习也是不可或缺的"。合作学习是学生基于合作精神，通过密切合作和"明确的责任分工并且以小组总体成绩为评价依据的互助性学习方式"，在合作学习中，学生、教师不再是独立的个体，而是构建了学习共同体，"学习者相互交流、沟通、分享学习资源，共同完成学习任务，解决学习问题，并且在互动过程中形成了相互影响、相互促进的人际关系，最终促进了个体成长"。

合作学习有多种形式,小组合作是最主要的活动组织形式,它是以由人数不等的学生组成的小组为基本活动单位进行活动的组织形式。调查显示由于学生的合作意识和合作方法都存在不足,合作学习的效果还不够理想,这就需要适时融入师生合作,由教师对小组合作进行指导和调控,以提高合作学习的效能。具体设计时要做到关注以下几点。

首先,小组组建要具有科学性。小组的构建由学生讨论决定,可以给予学生极大的自主管理的空间,教师要做的是充分考虑活动内容、活动主客观条件等因素,在学生分组出现问题时,进行宏观调控。所以,教师要了解小组构建的基本方法和各自的利弊,比如,以"组内异质、组间同质"的原则分组,教师就要保证组与组之间综合知识和能力相当,组员之间形成互补,以保证活动质量的均衡;以"组内同质、组间异质"的原则分组,教师就要提前做好调查,充分了解学生的兴趣方向、个性特质、能力水平,使组员之间水平相近,以增加合作的亲密度。

其次,组内分工要有发展性。就一个具体的活动而言,往往包含一系列的子任务和过程。要保证活动效率,就需要小组成员各司其职。活动实施时,教师在尊重学生决议的前提下,既要注意小组分工的合理性,适时地进行协调,防止出现分工不明确、互相推诿等问题,也要合理引导,关注学生的合作情况,引导学生团结合作,协同参与,对重点任务、遇到的难点问题要集体攻关,以形成一个有序、严密、有战斗力的合作体,促进学生在与他人的交流中激发内在的学习动机,提升最近发展区的水平。学生"最近发展区"的下限和上限是呈动态发展趋势的,教师的作用就在于发挥支架的功能,架起学生思维发展和能力提升的桥梁。所以,进行教学设计时,教师就要充分了解每个学生的"最近发展区"的大致水平,依据活动任务中每个能力训练点制作一张量表,呈现每个学生的特长、能力水平及发展空间等要素,使每个学生在分组时都承担相应的责任和任务,以便有效发挥成员的自身优势。教师也可以打破传统的按照学生"强项"进行分工的方法,改为按照学生的"弱项"进行分工,如让写作能力欠缺的同学负责研究成果的整理和撰写工作,让羞于在公开场合讲话的同学进行成果展示和汇报等，以进一步提高小组合作的效能。

最后，成果呈现要具有典型性。合理分工是为了小组合作效能的最大化和最优化。组员在完成各自的任务后，小组要对每个人搜集到的信息进行讨论、分析、整理，从中提炼出最有价值的资料，再进行加工、丰富，使呈现出的活动成果更加全面、典型，更能展现小组的集体智慧。只有这样，才能真正体现学习共同体合作学习的价值。这个过程也是学生运用多种思维方式和方法解决问题，发展思维能力的过程。所以教师要根据每个活动任务提前了解可以推荐的课程资源，以及每种资源辨析、筛选和整合的方法和注意点，在学生需要时进行指导，为学生思维的发展提供路径。另外，设计"班级展示成果"环节时，教师也要根据内容预设多样的呈现方式，并对这些呈现方式的要求了如指掌，以便在指导实施时取得最佳的效果。还要考虑如何将成果的影响力最大化，以最大限度地激发学生的自豪感和成就感，如，可以将学生完成的古诗文改写文章、调研报告、海报等作品，投到校刊或广播站进行刊登、播放，等等。

3.集体交流：在参与中体验、反思与提高

集体交流式以班级整体为单位，主要包含三种形式：个体面向全体、个体面向小组、小组面向全体。其最大优势就是开放性和参与性，学习共同体的每一个成员在交流过程中，不仅开阔了视野，更新了知识，有利于建构自己的知识体系，还可以发展逻辑思维能力，提高表达、应变等能力。这种组织形式不仅适用于阶段性成果和最终成果的发表，还适用于针对探究过程中出现的问题进行集体交流和讨论。

学习共同体之间的交流是为了促进个体的成长，它更加强调学生在整体参与中体验、掌握、提高。在交流过程中，学生不仅需要系统总结、展示自己所进行的探究活动，还要认真学习、领会他人的活动成果，并能根据同学展示的内容、形式及其表现提出自己的看法和意见，同时也要尊重别人对自己的意见，并积极吸收合理化的建议。也就是说，无论是组内的小交流，还是班级的大交流，交流的过程都带有互相评价的特点，当然，这个评价不仅仅是同学之间对彼此表现的评定、鉴赏，更主要的是交流中个体的自我反思。因此，在根据活动任务选用这种形式时，教师要树立"全程监控"的意识，对每个任务的能力训练

点做到心中有数，并根据活动目标和任务制作评价表（这点将在最后一个环节"评价"中具体阐述），明确每一个评价指标指向于语文学科核心素养哪一个方面，以便交流时适时地对学生的评价进行肯定、补充或纠正，确保评价的正确性和有效性，让学生获得真正的提高。

四、细化活动目标，设计全方位的活动评价方案

《中等职业学校语文课程标准》指出："语文学业评价的目的在于改善教学过程，促进学生语文学科核心素养的全面提高"，体现了立德树人背景下课程评价倡导的"育人为本"的理念，突显了语文学科在育人方面的独特优势。《中等职业学校语文课程标准》还进一步强调要"实施多元化评价""选用恰当的评价方式""全面评价学生语文学科核心素养的整体发展"，厘清了语文课程评价的主体、方式和内容。调查中显示的教师评价能力欠缺的原因，主要源于教师对评价主体、方式和内容认识模糊、把握不清，从而无法制订系统、科学的评价方案，以指导整个活动过程。解决这些问题，需要教师坚持"育人为本"，秉承"评价先行"的理念，在活动前依据一定的原则设计活动评价方案，以确保"最终的目标与预期的学习结果指导着学习活动的设计与选择"。

（一）评价原则：立足整体、促进发展、科学可测

1. 整体性原则

语文综合实践作为语文活动方式之一，相对于阅读与欣赏、表达与交流，其独特优势在于可将若干学习内容进行整合，指向于语文学科核心素养的整体提升，因此，语文综合实践的评价内容要能涵盖语文学科核心素养的基本要素。首先，语文核心素养的四个方面是一个整体，不可分割，评价时既要关注学生语文素养的发展情况，也要关注学生在思维、审美、文化等方面的能力提升。其次，在制定评价标准时，不能将语文学科核心素养的四个方面割裂阐述，而是要将正确价值观念、必备品格与语文关键能力的具体表现融合在语言理解和运用的过程中进行描述，既突出语文学科的本质特点与要求，又体现语文学科核心素养的整体性和综合性特征。如，《中等职业学校语文课程标准》中描述"思维发展与提升""审美发现与鉴赏""文化传承与参与"的素养表现时，强调"文

本""语境""在表达时""在语言实践中""在语文学习过程中"等，就是为了强调在学生理解和运用语言的活动过程中，评价学生的思维能力与思维品质，情感、态度与价值观等水平及变化情况。

2. 发展性原则

学生的语文学科核心素养在语言实践中是呈动态发展趋势的，对于学生来说，评价可以让他们及时了解自己的学习情况和素养发展情况。所以，评价要立足活动的全过程，动态地看待学生的活动情况和成长，以促进他们的全面发展。教师不仅要关注不同学生在语言、思维、审美和文化等方面的原有水平，承认并尊重他们在基础、态度和能力方面的差异性，还应该通过评价让学生看到自己的进步，了解自己的发展空间，引导学生依据评价标准完善思维方式，学会学习，自觉提升语文学科核心素养。同时，教师也要关注学生语文素养不同方面的"强项"与"弱项"，全程观察、适时指导、及时评价，促进学生语文学科核心素养的整体发展、协调发展。

3. 可操作性原则

从活动准备到活动实施，可作为评价点的指标非常多，而且评价的主体、方式和具体内容也有很多，在确保评价着眼于语文学科核心素养发展，以及符合学生水平和发展情况的同时，评价标准的设计必须具有可操作性，能观察、可测量、可评价。而思维、审美和文化作为人的内在能力和品质，具有内隐性，难以像知识和技能那样直接测试，只有在解决问题的具体言语活动中，将其通过具体的行为表现出来，才能进行有效的评价。因此，制订评价方案时，要努力突出具有代表性的、典型性的"活动"和"表现"，努力描述语文学科核心素养在言语活动中表现出来的理解和运用语言的行为特征。

（二）评价方案：指向目标和内容、细化框架和标准、丰富主体和方式

教师和学生在活动实施前，都应对"活动评价方案有清晰的了解，这样才能在实施活动的过程中用评价标准来指导和调控活动"。科学的活动评价方案需要在遵循评价原则的基础上，按照"确立活动评价目标和内容—编制活动评价标准—确定评价主体和方式"的步骤将活动目标再具体、再细化。

1. 确立活动评价目标和内容

确定具体的评价目标和内容是实施评价的前提和基础。评价目标和内容具体到每一次活动，与活动目标和内容指向是一致的。如教师需要做的是围绕活动内容，将活动目标转化为评价目标，并采用描述性语言来呈现具体的评价目标，确保活动目标和评价目标的高度一致，并且每一个评价目标都应对应需要学生解决的真实的具体任务，使评价内容具有真实性、合理性和可操作性。如，活动目标之一是"根据特定场合、目的和对象，进行有效的洽谈和协商"，评价目标则应该转化为"能根据对象、场合进行客观陈述和交流，恰当得体地进行洽谈""能根据一定的目的和情境，进行积极、友好、富有成效的协商"。

2. 编制活动评价标准

《中等职业学校语文课程标准》指出要"对学生学习的各方面、各环节做出多角度、全方位的评价，全面准确地判断学生学科核心素养发展水平"。"只有将活动评价目标和内容落实在具体的评价标准中，才能使评价有的放矢"，有效指导和调控学生的活动。

活动评价标准的内容框架一般包括两个维度：

一是评价内容的构成，包括评价项目和每个项目的具体观测点（评价指标）。评价项目，指学生在活动时完成的具体任务。观测点（评价指标），指学生完成活动任务、达成活动目标需要的语文能力构成要素。"由于语言理解与运用是语文学科核心素养的基础"，思维、审美、文化方面的发展都"在学生个体言语经验发展过程中得以实现"，所以，观测点以语文能力构成要素为基本内容，在语文能力具体评价要求中渗透对思维、审美、文化等要素的阐述。

二是评价项目的具体评价要求，即观测点的具体评价标准。语文综合实践是学生完成一个个活动任务的过程，活动任务的完成情况是其核心的评价内容。教师要对观测点（评价指标）的具体内涵进行分析，列出达成观测点（评价指标）的具体要求，这些具体要求就是该观测点的评价标准。当然，教师还要根据活动的重点目标确定评价的权重。"达成要求越具体、细致、可测，评价标准就越指向明确，也就越便于操作"，从而实现评价的功能。

3. 确定评价主体和方式

《中等职业学校语文课程标准》指出要整合多种评价方式，实施多元化评价。在评价主体上，要采用学生自评、同伴评价、教师评价、家长评价、企业评价等相结合的方式，以促进学生语文学科核心素养的整体发展。在评价方式上，"要整合诊断性评价、形成性评价、终结性评价等多种评价方式"。并根据活动的具体内容，采用过程观察、成果评比、演出展示等多种评价方式，确保评价的有效性。教师还应该为学生制作语文学习档案，收集学生的学习过程材料，对收集的材料进行统计分析，发现学生取得的成绩，分析学生学习过程中遇到的困难、存在的问题及其原因，提升评价的针对性、实效性、发展性和全面性。学生是最重要的评价主体，因此，所选择的评价方式要能促进学生的学习和语文学科核心素养的自觉提升，不能为了丰富而丰富。

总之，评价是教学活动的一项重要工作，同样，反思教学评价工作是教师教学工作的一项重要内容。活动的评价方案只是对评价工作的一种预设，学生活动过程中和活动结束后，教师要不断地对评价的设计和实施工作进行总结、审视，如评价项目、观测点、评价重点、评价标准、评价方式是否恰当，学生是否开展了积极有效的自我评价和相互评价，评价是否达到了预期的效果，是否实现了应有的功能，等等。在此基础上，教师要分析评价中存在问题的原因，并思考如何调整和优化评价工作，从而改进和完善活动的设计与实施，提高活动效能。

第五章 基于语文学科核心素养的
单元教学设计研究

第一节 基于语文学科核心素养的单元教学设计的识读

一、基于语文学科核心素养的单元教学设计的内涵

（一）基于语文学科核心素养的单元教学设计的概念

  语文学科核心素养是学生在真实、复杂的任务情境中，能够灵活运用知识、技能解决实际问题的能力，因而培养语文学科核心素养的关键体现在知识运用与迁移的过程中。但是为避免知识的零散化、碎片化，需要用大观念将其聚合起来，当学生能够在大观念的指导下展开严谨的探究活动，灵活地解决各种真实情境中的任务时，语文学科核心素养便形成了。依据语文学科核心素养的形成路径，将基于语文学科核心素养的单元教学设计的概念界定为：为了更好地提升学生的语文学科核心素养，从教材内容和学生的经验优化重组得到的单元整体出发，在依照学科知识的逻辑、学生心理认知规律的基础上，借助大观念、情境任务、学习活动确定学习目标、搭建学习过程、组织学习评价，从而完成单元层面的教学预设的过程。对这一概念的理解主要从以下四个方面重点把握：

  第一，基于语文学科核心素养的单元教学设计是为了更好地提升学生的语文学科核心素养，从而开展的单元层面的教学预设的过程。在语文学科核心素养的影响下，单元教学设计能够得到改进，相应的，单元教学设计在提升学生的语文学科核心素养方面亦起着关键的作用。虽然单篇课文的教学设计也能围绕培养语文学科核心素养展开，但是正如威金斯所说，"单课时太短，不能实现复杂的学习目标"，单元层面的教学预设则有着站位高、统筹性强、连接性强的优势，在面对语文学科核心素养这一复杂的、综合性强的学习目标时更能

起到良好作用。

第二，单元整体是由教材内容与学生的经验进行优化重组得到的。虽然本研究将单元教学设计中的单元定位于教材单元，但是基于语文学科核心素养的单元教学设计中的单元不仅指教材单元，更是指经验单元，它是基于一定主题和目标所构成的知识与经验的模块。《现代汉语词典》对"经验"一词的解释为：通过对外界的多次接触获得的技能或知识、经历。这一解释中虽然同时包含动词和名词、过程和结果双重意思，但是就语文学科核心素养的培养来说，经验应该是一种通过认识外界、经历实践获得知识的过程。由于教育与人的经验世界的重合，由教育者、受教育者和教学内容所构成的教学设计环路不再是封闭的结构，而是时刻保持对生活经验的开放性，一方面不断接受学生经验对教材单元内容的影响，另一方面教材单元又不断丰富学生经验的内涵。因此，基于语文学科核心素养的单元教学设计不仅关注教材内容，更要求关注学习者的经验，以学习者的经验为起点规划教材内容，使单元学习过程成为个体充实、饱满的生活经验过程。

第三，注重学科知识的逻辑和学生心理认知规律之间的适配度。学科知识的逻辑和学生的心理认知规律是相辅相成的两方面。学科知识本身就存在难易、显性和隐性之分，学生在不同学龄阶段的身心发展规律和认知水平有一定的特点，那么其对知识的接受程度也存在着差异。因此教师在进行教学设计的过程中，要注重学科知识的逻辑与学生心理认知规律之间的适配度，在遵循学生的心理认知规律的基础上，合理安排学科知识的分布编排。

第四，充分借助大观念、情境任务、学习活动等关键词完成单元设计流程。大观念具有聚合松散的知识、概念、理论、事实的作用，使它们呈现相互联系的关系，并且这种联系是有意义的。用大观念统领单元知识不仅是培养语文学科核心素养的要求，更是对专业教师的要求。学习任务、学习活动和学习情境是基于语文学科核心素养的单元教学设计的三大关键要素。学习任务一般是根植于日常生活的非结构性任务，它使学生从"思考问题"走向"解决任务"，在完成任务的过程中获得对学习的参与，收获作为"人"的成长。对于学习活动，王宁先生认为新课标中活动的含义，其实就是"阅读与鉴赏""梳理与探究""表达与交流"三件事，这就意味着活动的实质是让学生进行语言实践活动。所谓学习情境，就是语文课堂教学内容所涉及的语境，包括个人体验情境、社会生活情境和学科认知情境等，语境实现了学生与文本对话、与知识沟通。

（二）基于语文学科核心素养的单元教学设计的特征

1. 学习活动化

活动是学习的核心，学习的过程其实就是完成活动的过程，原始状态下的学习也始终是围绕着各种活动开始的。对学生来说，未知的事物总是有无穷的新鲜感，进行探究活动是他们解决问题的有效途径，是指引学生学习知识的线索，是产生新知的来源。新课标明确指出，语文学科核心素养目标的实现是通过学生积极的语文实践活动建构起来的。学生只有参加各种语文实践活动，才能获得参与感与体验感，从活动中提升自我能力。基于语文学科核心素养的单元教学设计的关键，在于能否设计好适合学生的学习活动环节。

2. 任务情境化

无论语文学科核心素养以什么样的形式展现出来，都"不是直接由教师教出来的，而是在具体情境中借助问题解决的实践培育起来的"。因为语文学科核心素养是一种无形内化的思想品质和价值观念、是经过经验累积而形成的关键能力，即使它本身包含在语文学科知识当中，但是它并非像其他学科理论、内涵和命题那样可以通过学习直接获得，而是需要学生在一定的情境中，通过完成任务亲自感受学科理论、内涵和命题创设的过程，在这个过程中逐渐获得学科表层知识背后所蕴藏的语文学科核心素养。因而，语文学科核心素养不能通过老师直接授予学生。只有围绕一定的主题，设计学习任务，以活动为载体，并让学生积极参与到任务情境化的学习活动中，才能提升学生的语文学科核心素养。

3. 过程动态化

基于语文学科核心素养的单元教学设计是一个不断改进的动态发展过程。具体来讲，单元教学设计的动态发展性主要表现在以下两个阶段：一是在教学设计的实施阶段。和以课时为单位的教学设计比起来，单元教学设计会留给教师较大的调整教学方案的空间，有利于在教学过程中针对出现的问题进行灵活的变动。二是在教学设计的反思阶段。在单元教学设计实施之后，需要教师依据教学评价进行教学反思，并将反思成果展现出来，以此不断改进教师的教学设计，也能为其他教师提供参考。如此循环往复，单元教学会始终处于一个动态的发展完善过程中。

4. 逐层递进化

逐层递进化是指单元和单元之间或者单元中每个课时间，基于一定的知识或逻辑系统，由浅入深，从易到难排列，使各个层次的知识之间形成一个层层递进的坡度，这样不仅符合学生的心理认知规律，还使得教学设计更有方向性、科学性。另一方面，单元教学设计中的教学任务和教学活动也互相联系，之前的任务和活动可能是后一个任务和活动的生长点、铺垫，使得任务和活动呈阶梯状，使得学习过程是循序渐进的，从而有利于提高学习和教学效率，有利于培养学生的语文学科核心素养。

二、"素养本位"的单元教学设计与传统单元教学设计的比较

（一）"素养本位"的单元教学设计和传统单元教学设计的相同点

1. 注重实效性

基于语文学科核心素养的单元教学设计和传统单元教学设计都非常注重实效性，以求提高课堂教学效率。以课时为单位的教学设计虽然能够具体地把握每一节课的重难点，有利于落实教学任务，但是每课时的设计使教师的视野局限在某一篇课文内，容易使知识呈现割裂状态。同时，这样的设计又很耗费师生双方的时间，使教师忙于备课，学生疲于应对各种习题作业。而这两种单元教学设计从预设的总体目标出发，从单元整体去把握课时内容，控制着课堂教学的容量和节奏，在一定时间内，一般能够有效地提高学生的读写、识记能力，从而提高教学的效率，优化课堂教学的效果，确保教学的质量，克服教学中"少、差、费、慢"的弊端。

2. 体现了比较性思维

这两种单元教学设计都深刻地体现了比较性思维。首先，基于语文学科核心素养的单元教学设计和传统单元教学设计所依赖的教材，都是根据可比性原

则，以某种相同或相近的因素组成单元，这就从本质上决定了任何形式的单元教学设计都具有比较的特性。其次，单元中的知识内容是需要进行比较的。知识内容既有共性，也有个性，对于"共性"，要同中求异，"必须多多比较，方能进一步领会优劣得失的所以然"，对于"个性"，可以异中求同，从比较、揣摩中发现其存在的价值和意义。除此之外，两种单元教学设计还能实现不同单元之间的知识内容的比较，当教师引导学生分析不同单元间的内容时，学生能发现当前学习的新知识和之前已学过的旧知识间的联系，无形中便形成了比较性思维。乌申斯基认为"比较是一切理解和思维的基础，正是通过比较了解世界上的一切"，通过不断地比较之后，有利于学生更加透彻地了解知识，从而丰富学生的知识体系，锻炼学生的思维能力和提高学生的认知水平。

3. 体现了整体性思维

基于语文学科核心素养的单元教学设计和传统的单元教学设计都把单元整体性放在第一位，整体性思维是单元教学设计最主要的指导思想。众所周知，无论是哪一种单元教学设计都以由存在某种联系的单篇课文所组建的单元整体为出发点，教师从这个单元整体上确定单元学习目标和学习内容，从而将那些孤立的知识点串联起来，最终形成一个完整的教学单元。世界上各种对象、事件、过程都不是杂乱无章的偶然的堆积，而是一个合乎规律的由各要素组成的有机整体。整体性思维指导着教师将众多零散的知识组成为一个合乎规律的有机整体。

4. 追求教学过程的优化

即使不同课程理念下的语文教学发生了一些变化，但其追求的共同目标不变，即优化语文教学的过程。20世纪80年代正是传统语文单元教学的兴起时期，各式各样的单元教学设计形式如雨后春笋般出现。如今，在语文学科核心素养影响下的单元教学设计虽然与以往的单元教学设计有所不同，但是仍然追求教学过程的优化。主要表现在以下几个方面：首先，单元教学目标的设置使教学有目的性，规避了单篇教学易造成的重复、琐碎等弊端；其次，为实现单元整体教学目标，对单元内容进行合理设计，减少了语文教学的随意性，使教学过程可控可调；最后，单元教学设计下有多种教学方法可供选择，通过合理设计能将各种教学方法与教学实际协调组织起来。

（二）"素养本位"的单元教学设计和传统单元教学设计的区别

虽然传统的单元教学设计同单篇教学设计相比有一定的优越性，也在特定时期发挥过作用，但因其本身具备的"传统"特质使之具有一定的落后性，常常带有传统教学中的诸多弊端。在教育目的上，传统的单元教学设计未能跟上国家所倡导培养语文学科核心素养的教育目的，其内核仍然是传统的教育观念，在全面培养学生、实现立德树人方面有欠缺，更多的是目光放在能否提高学生的学习成绩上。在教育规律方面，传统的单元教学设计大多以灌输知识为主，提倡"满堂灌"、题海战术，这种方式易导致培养模式偏离学生个体身心发展的一般规律，而且此类的事情越多，越容易偏离规律。鉴于此，基于语文学科核心素养的单元教学设计坚持素养本位，以培养学生的语文素养和全面发展为重心，使学生能够灵活运用、迁移、建构知识，并用以解决实际问题。这是基于语文学科核心素养的单元教学设计和传统的单元教学设计最本质的区别，具体呈现为以下六个方面：

1. 对单元的定位不同

虽然二者都是从教材单元的角度出发，但是对单元的定位却有所不同。基于语文学科核心素养的单元教学设计以素养的视角来审视单元，把每一个单元都当成一个微课程，从课程开发的角度去重构单元内容，立足于语文学科核心素养，将其组织成一个围绕情境、目标、任务、主题和活动的学习事件，以便让学生实现自主、合作、探究式学习。如果说将基于语文学科核心素养的单元教学设计中的"单元"比作是精致、融合的精装房的话，那么传统的单元教学设计中的"单元"就是只有水泥、钢筋等仅做简单处理的毛坯房。传统的单元教学设计缺乏"经验"意识，只是将单元视为教科书单元中的几篇课文的集合。这种对单元的认知导致单元设计只着眼于改变课型分布和改变教学程序上，进而使教学变得刻板生硬，也引发了"以知识来定单元内容，用抽筋剔骨来代替情感陶冶，只注重了语文教学的理性和知识性，钝化了学生的感悟力"的弊端。

2. 目标观念不同

语文学科核心素养是语文学科教育的灵魂，它的出现表示着教学目标观念的转型升级。基于语文学科核心素养的单元教学设计的目标"关注学生运用知识做事、持续地做事、正确地做事",强调对于知识点不仅要理解,更要运用,注重培养学生解决问题的能力。传统单元教学设计的目标经常局限于"'逐个'知识点的'了解''识记''理解'"。为了让学生掌握知识、技能和方法,经常将目标做层级性划分,忽略了语文学科的人文性特征,忽视了学生情感态度价值的养成。总的来说,基于语文学科核心素养的单元教学设计重视培养语文学科核心素养在学生身上的生成和发展,传统的单元教学设计重视传递知识技能。

3. 指导重心不同

无论是语文学科核心素养影响下的单元教学设计还是传统的单元教学设计,都要以一定的知识为基础,就如同认知心理学家说的那样:"实现任何教学目标,都要一定的知识为基础,除此之外并没有捷径可言,不能以学习策略、启发式教学、一般性的思维技能训练取代知识的积累。"但是在学什么样的知识和怎么学对学生更有利的问题上,这二者有着不同的看法。传统的单元教学设计把指导学生的重心放在知识内容本身上,一般倾向于为学生呈现完备缜密且恰到好处的知识内容,告诉学生所学的内容是什么。此时,知识是目的,学生获得是教师对知识的理解的间接经验。这虽然也有一定的合理性,但是会造成学生只关心知识内容和照本宣科记忆的弊端,并且在一定程度上加重了学生的学习压力。而基于语文学科核心素养的单元教学设计则把指导重心放在学习方法上,注重如何通过合理的学习方法、方式使教学内容展现出来,使学生易于接受和理解知识,为学生营造一个积极学习的环境。这时,知识是渠道,学生获得的是个人对知识的理解的直接经验。这种单元教学设计不仅能提高课堂趣味性,激发学生主动学习的积极性,还能起到激励学困生的作用。

4. 教学方法不同

单元教学设计的变革,必然会引起教学方法的变革,因为后者的变化调整是前者实现革故鼎新的基础。从 20 世纪 50 年代的"红领巾教学法",60 年代的"多讲多练",70 年代的"八步教读法",到 80 年代的"点拨教学法""跳摘教学法",再到 21 世纪提倡的"参与式教学法""对话式教学法"等,虽然教学方法一直在更新改进，但是其始终未能摆脱"教师看—学生做"或者"教师问—学生答"的模式。可以说，传统的单元教学设计的教学方法一直保持着师问生答的单向性本质。而"素养本位"的单元教学设计下教学方法则体现了语文活动的开放性，不拘泥于某一种特定的教学方法，而是从传统的"讲练问答"转变为多种实践形式交织互动的更为包容、活跃、延展的教学方法。教学方法的改革与创新，不仅有利于学生在深度体验中进行多元思维的对话与反思，避免一元结论式地吸收和获取，更是语文走向学生现实生活的佐证与起点。

5. 评价方式不同

传统的单元教学设计的评价方式是"客观纸笔测验"，也就是以寻求完美答案为目标的练习和考试等，通过对照标准答案来评估学生学习本单元的效果。语文学科核心素养以培养解决真实问题的能力为目的，教育变革驱动着教学评价的改变，随着教学目标的转型，教学评价也随之发生变化。基于语文学科核心素养的单元教学设计是根据学生在具体情境任务中的表现情况来评估学生，重点考察学生的应用、迁移、反思能力。如果说传统的单元教学设计的评价相当于机动车驾驶证考试中的"机考"，那么基于语文学科核心素养的单元教学设计就是"路考"，在真实情境中能够灵活运用客观知识，才说明他真正地掌握了知识。但是不可否认的是，目前我们仍然是离不开"客观纸笔测验"的，判断学生学习成果的方式在很长一段时间内仍然会是考试。不过，我们可以对此做出改进，就像新课标强调的那样要"以语文学科核心素养为考查目标，以情境任务作为试题主要载体，让学生在个人体验、社会生活和学科认知等特定情境中完成不同学习任务"。

6. 师生角色定位不同

传统的单元教学设计中的师生角色定位往往呈现不均衡的状态：要么一味重视教师的决定性作用，提倡教师把握全局，主导课堂进程；要么就是过于强调学生的主体性地位，缺乏教师的科学指导，进而导致课堂呈现无序、自由散乱的状态。而基于语文学科核心素养的单元教学设计则着力均衡师生之间的角色定位，使单元学习成为一个师生共生共创的过程。一方面，教师在对教材、课标、学情把握的基础上，创造性地设计学习单元，这一过程显示了教师对教学内容和语文学科核心素养的独特理解和诠释，融入了教师的创造智慧，彰显了教师的教育理念。另一方面，学生在单元学习的过程中，由知识的被动接受者，变为知识的对话者、建构者与反思者，这一过程体现了创生性特征，学生由此获得情感、态度、价值观，获得运用知识解决实际问题的能力。因而，基于语文学科核心素养的单元教学设计下的师生成为了真正意义上的"学习共同体"，共同构建创生性的学习氛围，相互"成人成己"，这也是实现国家课程校本化的最终体现。

7. 学生主动学习的程度不同

基于语文学科核心素养的单元教学设计和传统的单元教学设计都尊重学生的主体地位，注重培养学生主动学习的兴趣和品质。但是这两种单元教学设计之下的学生主动学习的程度却有所不同。基于语文学科核心素养的单元教学设计通过设计一系列情境化的任务和活动，使得学生能够"自主学习"。所谓自主学习，是指学生自发、自律的学习，"它表现为学生在学习过程中强烈的求知欲、主动参与的精神与积极思考的行为"，它是一种学习的习惯，反应的是学生对待学习的一种态度和精神品质。而传统的单元教学设计之下的学生主动学习的方式为"自学"。所谓自学，是指学生在没有接受教师的帮助和指导的情况下，自己能够利用相关的资源习得某种技能。比如在传统单元教学设计中的"自读课文"和"预习课文"等环节，或者是精讲一两篇课文，示范学习课文的方法，剩下的课文教师往往会提供时间，让学生结合已有的经验进行自发地学习。这是一种学习方法，反应的是学生所表现出来的一种外在技能和经验。

三、基于语文学科核心素养的单元教学设计的价值

（一）促进语文学习任务群的实现

为了实现语文学科核心素养，课标还提出了"语文学习任务群"的概念。按照课标的理念，将会形成"语文学科核心素养—语文学习任务群—课时计划"紧密相扣的链环。但是，由于现有语文教材都是文选型单元，语文学习任务群无法直接出现在教材中，这就需要语文教师发挥作用，将"语文学习任务群"直观地设计出来，以便学生学习、内化。再联系课标对学习任务群的要求，即"以

任务为导向，以学习项目为载体，整合学习内容、学习情境、学习方法和学习资源，引导学生在运用语言的过程中提升语文素养"，以及"学科核心素养—单元设计—课时计划"这一链环，可以发现："语文学习任务群"的设计和基于语文学科核心素养的单元教学设计有相通之处，单元教学设计在一定程度上能够促进"语文学习任务群"的实现。

（二）培养学生的真实性学力

学力，是动手能力、学习能力和知识水平的简称。在新的课程背景下，教育不应该以追求学生的应试学力为目的，而是要着重培养学生的真实性学力。所谓真实性学力代表着真才实学，是学生在学校和走上社会都能够发挥作用的学力，是使学生认识并改造世界的学力。而想要获得真实性学力，学生就要进行真实性学习。基于语文学科核心素养的单元教学设计以学生的认知能力为起点，设计符合学生真实认知的情境与任务，让学生真做事，并通过一系列任务的完成程度来考查学生展现出来的知识水平、学习能力和情感态度价值观，让学生在这种探究式学习的过程中完成了真实性学习。可以说，真实性学习是基于语文学科核心素养的单元教学设计的基本诉求，并最终指向学生真实性学力的培养。

（三）实现语文课程的育人目标

新课改要求语文课程培养素养型人才，而素养型人才的培养，不仅需要基本技能和知识，更需要拥有自主发现问题并解决问题的行动能力、善于比较迁移的思维方式以及学会欣赏的审美品质。基于语文学科核心素养的单元教学设计，有效融合了单元教学和语文学科核心素养的优势，是以培养素养型人才为目的新的教学设计方式。一方面单元教学作为一种教学实践，能够优化教学结构，提高教学效率，培养学生的知识迁移能力、自主学习能力、比较归纳能力；另一方面，语文学科核心素养作为一种教育理论，是语文课程的灵魂，是国家课程文件明确规定的学生应该具备的必备品格和关键能力。基于语文学科核心素养的单元教学设计作为教育理论和教学实践之间的桥梁，有效融合单元教学和语文学科核心素养，发挥了 $1+1>2$ 的优势，能够有效实现语文课程的育人目标。

（四）改变教师的视野和格局

基于语文学科核心素养的单元教学设计能够改变教师的视野和格局。一方面，基于语文学科核心素养的单元教学设计的出发点并非某个技能点、碎片化的知识点或单篇课文，也不是只做了大致勾勒的单元框架，而是能够建构起单元整体的主题、目标、任务、情境和活动。开展这样的单元教学设计，能够让教师像课程专家那样思考，并深入了解语文学科育人的本质。另一方面，由于受高考、课时等压力的影响，许多语文教师把重心放在学科知识的表层意义上，重视分数、技能、知识和考试，而忽视了对学生语言表达能力、思维能力、审美能力和情感感知能力的培养，进而导致学生"高分低能"的问题。基于语文学科核心素养的单元教学设计有利于改变语文教师"着眼点过小过细以致'见书不见人'的做法，明白'大处着眼易见人'的道理"。

四、基于语文学科核心素养的单元教学设计的类型

（一）依据教材的单元形态来划分

1. 整本书阅读单元教学设计

早在 19 世纪 40 年代，我国著名教育家叶圣陶先生就曾提出"阅读整本的书"的理念，以期培养学生的阅读能力，不过由于种种原因这一理念并未实现。现如今，"整本书阅读"又重新被提及，课标将其列为 18 个学习任务群之首。"整本书阅读"的出现，不但肯定了其在培养语文学科核心素养和促进教学改革方面的作用，也说明整本书阅读将正式进入语文课堂，成为一线语文教师教学设计的重点。

在整本书阅读的书目选择上，课标有明确的规定，即"在指定范围内选择阅读一部长篇小说和一部学术著作"，课标将书籍的选择限定在长篇小说和学术著作上。在整本书阅读的教学设计方式上，新课标强调应以学生自主阅读、讨论、探究为主，避免以教师的讲解代替学生的思考，这样才能培养学生的语文学科核心素养。因而，教师"设计整本书阅读应从课时观走向课程观，从机械接受走向自主建构"，需要在大观念和任务的统领下设计相关活动，引导学生深入思考和交流。不同体裁的整本书的教学设计重点也有所区别。在设计长

篇小说的学习任务时可以从人物形象、小说主题、关键情节或富有特色的语言表达等角度开拓思维，选择其中一种角度作为切入点，在教学过程中自然而然地串起其他方面的内容；由于学术著作往往会提出一些重要的概念或复杂的问题，所以在设计学术著作的学习任务时，可以从核心概念入手，找出概念间的联系，关注著作中提出的"问题"以及"问题的解决"。

2. 文选型单元教学设计

文选型单元教学设计是指对以多篇课文组合而成的单元进行教学设计。对单元课文的构成进行革新，在组合方式上不以文体为依据，而是以人文主题和学习任务群为线索聚合单元，在单元内部组织上，以两到三篇课文为一"课"，或者是单篇成"课"，整合性质明显。进行基于语文学科核心素养的文选型单元教学设计，可将单元中的每一"课"当作一个板块，参照教材的编排范式，划分多个板块，形成单元设计方案。这一类型的单元教学设计的关键之处在于，不同板块之间用大观念进行联结，以求实现单元学习的一致性、完整性和灵活性。

基于语文学科核心素养的文选型单元教学设计并不排斥单篇教学，而是不提倡只着眼于对篇章进行累积式地分析讲解。单篇课文因思想内容的不同，具有独特性，而单元具有整体性特征，这二者是辩证统一的关系。基于语文学科核心素养的单元教学设计主张大情境和大任务统领下的单篇教学，以单元内课文的某种构成特征为依据，对课文进行功能区分，从各个维度剖析和掌握单元整体。这种类型的单元教学设计具有灵活变通性。对于单元中非经典篇目或者自读篇目，可以采取"用课文学习"的方式，通过情境、任务驱动学生自主学习课文，完成相关活动，形成自己的理解。

（二）依据语文学科核心素养的显性要素来划分

语文学科核心素养分为语言建构与运用、审美鉴赏与创造、文化传承与理解、思维发展与提升四大要素。根据课标中对各要素描述的关键词，比如语言建构运用中的"语言材料""书面语口头语"、审美鉴赏与创造中的"美感体验""审美情趣"、文化传承与理解中的"多样文化""传统文化"以及思维发展与提升中的"逻辑思维""思维品质"，可以看出，语言建构与运用和文化传承与理解是显性要素，此类要素具有客观性，能够明显地呈现在教学材料中，作为教学内容被解读、传授，其他两种要素则是隐性的，倾向主观感受，不易被识读。依据语文学科核心素养的显性要素，可以单元教学设计划分为语言文字型单元教学设计和文化品质型单元教学设计。

语言文字型单元教学设计以教材为依托，通过收集、整理教材中每篇课文的字词、成语典故、句法运用以及特殊的语言现象等作为单元教学设计的素材。设计的目的就是在丰富学生语言运用材料的基础上，使其掌握语文知识和语用规律，学会在不同情境中灵活自如地进行语言表达和交流，进而感受祖国语言文字的魅力。在此类型的单元教学设计中，让学生死记硬背教师整理好的语言知识是不可取的，应该让学生以完成任务为目的自己去积累、梳理各种语言文字现象，形成对语言文字的独特认识和体验。

文化品质型单元教学设计中的"文化"在新课程中已有明确指向，即中华优秀传统文化、革命文化、社会主义先进文化和外国文化。教师可以从文化分类的角度，将属于不同文化类型的课文聚合成相应的文化专题单元，从大量的文化作品中加深对文化的理解，感受文化的魅力，提高阅读鉴赏能力。亦可以从跨文化的角度，对不同文化之间进行交流与比较，体会不同文化的特点，从多样的文化中汲取营养。

（三）依据语文课程结构要素来划分

进行基于语文学科核心素养的单元教学设计，一方面是对教材单元的顺从，另一方面是对教材单元的重构。

语文知识专题单元中最为典型的形式是文体单元，一方面文体曾经是语文教材天然的组元方式，另一方面不同的文体聚合了类型多样的语文知识。通过学习各类文体，能够提升阅读不同作品的能力，实现语文教学提倡的"化个为类"的理念。在语文学科核心素养的影响下，文体不再是过去常常提倡的记叙、说明、议论等这样粗线条的大类，而是要具体到小类。比如以实际运用为主的文体，包括新闻、演讲词、调查报告、文献综述等；侧重表达情感艺术的文体，如诗歌、小说、散文等，这些情感艺术类文体亦可再细分为小类。值得注意的是，语文知识专题并非以高深、系统的知识讲解为主，而是仍然把提高阅读能力、获得审美体验放在首要位置。

作家作品单元教学设计指向经典作家作品的深入解读。如果把某位经典作家的作品散布在不同单元中分别学习，非常不利于学生对经典作品的深入理解和准确把握，也无法达成培育文学文化素养的课程目标，而"作家作品单元"将会改善这一局面。新课标中针对这种单元形式还提出了"中国现当代作家作品研习""外国作家作品研习"和"中国现当代作家作品专题研讨"三个学习任务群，由此可见作家作品单元教学设计的重要性。

上述两种单元类型都有"探究"的成分，但是"问题探究单元"具有鲜明的问题探究色彩，单元的问题更加集中、明确，既可以是广泛的人文话题，也可以是语文学习自身的问题。在此类单元教学设计中，单元学习的目标是探究某一个问题，而非解读文本，因此文本作品可能仅起着"提供资料"或"引起议题"的作用。

第二节　基于语文学科核心素养的单元教学设计的技术

一、基于语文学科核心素养的单元教学设计的原则

进行基于语文学科核心素养的单元教学设计是教师个人创造性的教学活动，为了使教学活动满足培养学生语文学科核心素养的初衷，还需要遵守一些基本的要求，而这些要求就是基于语文学科核心素养的单元教学设计的原则。具体来说，主要包括学生主体性原则、情境真实性原则、整合性原则和素养综合性原则。

（一）学生主体性原则

学生主体性原则是大部分教学活动都要遵循的原则，基于语文学科核心素养的单元教学设计对学生的主体性更加重视，这一原则要求在教学设计的各个环节都要站在学生的立场为了学生更好的学而努力，为了培养学生解决实际问题的能力而服务。基于语文学科核心素养的单元教学设计的学生主体性原则主要涵盖三个方面的内容。

其一，在单元教学设计的出发点上应以满足学生的需要为目的。从出发点上看，基于语文学科核心素养的单元教学设计主张关注学生的真实学习需求，

强调激发学生的主动性。无论是单元目标的设计，还是单元学习情境、学习任务的设置都要考虑学生的接受程度和配合度，并依据学生的反馈情况及时改正调整。只有学生对教学环节的接受程度高、兴趣足，后续的教学活动才能顺利开展。学生主体性原则即引导学生进行自主学习，做学习的主动者、实践者，而不是被动的接受者。

其二，在单元教学评价的设计上应关注学生的全面发展。传统的单元教学评价方式倾向于总结性评价，评价方式单一，忽视了学生阶段性的发展。而基于语文学科核心素养的单元教学设计崇尚采用多种评价方式，如形成性评价、诊断性评价和总结性评价等，全面、客观地评价学生的各阶段发展状况，关注学生的表现、兴趣。这样的评价方式有利于提高学生的自我认知能力，增强学生的自信心，激发学生的学习动力。

其三，单元教学的任务活动设计要观照学生的认知规律。依据美国认知教育心理学家奥苏贝尔的有意义学习理论，学生若要具备有意义学习的心向，必须要有主动求知的意愿，积极将新知识和已有认知观念建立联系，同化新知识。因此，任务活动首先要有趣味性和贴近生活，易于学生理解和接受，增加学生主动求知的积极性；其次任务活动的设计要关注学生的认知起点，将任务活动建立在学生已有的认知上，并使之有一定的难度，学生运用现有的认知经验不能直接完成，通过进一步探究学习才能解决问题，并在这一过程中搭建新的认知结构。

（二）情境真实性原则

情境真实性原则是指教师设计的情境对学生来说必须是真实的，是学生当前能够接受并且在以后的学习生活中能够遇到的。新课标中提到"情境"这一概念，包括语言情境、社会情境、语言实践活动情境等，并认为"富有意义的、真实的学科活动情境是实现语文学科核心素养的必要条件"。教师只有注重学科情境的设计，"从所思所想出发，以能思能想启迪，向应思应想前进"，在教学过程中营造一个激活学生情感认知的真实情境，才能使学生更容易理解、接受、消化学科知识、学科活动。

首先，贯彻情境真实性原则最重要的就是选取的情境材料要真实。情境材料是教师在设计教学情境前搜集的并以此进行情境创设的材料，这种材料必须是真实可靠的、非虚构的、与学生生活密切相关的。教师可以先分析知识和实际生活的联系性，然后根据关联之处搜寻生活中的典型素材，再进行一系列的加工创造，使之变成和学科知识有相通之处的情境材料。没有真实的情境材料，情境设置就会虚假化，会脱离学生的所思所想，从而使学生失去学习兴趣。没有真实的学习情境，更不利于创设高效的学习方式，不利于学生知识的迁移。

其次，教师创设的情境要有开放性和伸缩性特点。所谓开放性，一是能够让学生参与到课堂活动中，鼓励学生畅所欲言、大胆创新，摆脱思维定式，实现学生的深度学习；二是为师生之间搭建一个和谐交流的平台，实现师生之间的互动、合作，进而提高课堂教学的效率。所谓伸缩性，就是教师所创设的情境不仅能贴近学生的生活、易于让学生接受，更能激活学生的思维，开拓学生的想象空间，引导学生去发现新事物、新问题，进而发展学生的高阶思维。

（三）整合性原则

基于语文学科核心素养的单元教学设计的整合性原则要求在单元设计时不能采取一种单一的、简单的方式来进行。与之相反的是，在单元教学设计时要有整合性思想，能够整合学习情境、学习内容、学习方式，以保证培养学生真实学力的目的得以实现。

一是学习情境的整合。语文学科核心素养是学生在面对复杂、真实的问题时所表现出来的优秀应对能力，这种能力不能直接传递，需在完成任务、解决问题的过程中获得。这说明"语文学科核心素养是隐性的，必须在真实的语言运用情境中，通过一定的表现性行为才能体现，这种体现又有一定的综合性"。所以，学习情境要将学习内容、学习过程都整合起来，使学生置于深度参与的学习情境中，引发学生综合性的行为表现。

二是学习内容的整合。语文学科知识是语文学习内容最重要的构成部分，在进行基于语文学科核心素养的单元教学设计时，要有整合语文学科知识的意识。首先，教师要将琐碎的语文知识和思想方法进行统一筹划，确保知识的完整性；其次，在知识的分布上，为了体现学习的梯度，要有序分布知识，使其呈现阶梯式上升状态；最后，在知识的呈现方式上，使知识学习的主体——学生——自主形成对知识的结构化认识，而且可以恰到好处地运用到现实情境中。

三是学习方式的整合。众所周知，语文活动包括表达与交流、阅读与鉴赏、梳理与探究三种形式，在这三种学习活动的影响下学习方式大致表现为听说读写等几种类型。基于语文学科核心素养的单元教学设计的学习方式是有机结合的整体，并非单一的知识训练。比如在文学阅读的过程中可以让学生将阅读体验通过随笔、文学创作、小论文等形式记录下来，然后进行展示交流，完成听说读写的整合。

（四）素养综合性原则

素养综合性原则指的是在进行单元教学设计时不可将语文学科核心素养的要素分解开来，要把语文学科核心素养当成一个综合的整体。毕竟语文学科核心素养不是指学科素养，而是指学生学习了这门学科之后留下的素养。它是一种内化的能力，凝聚在完整的人格中，这决定了语文学科核心素养具有综合性特点。坚持基于语文学科核心素养的单元教学设计的素养综合性原则可以从以下两个方面理解：

第一，单元教学设计要把握语文学科核心素养的关系性。课标把语文学科核心素养分解开来，是为了方便理解，但是从本质上来讲，不能将语文学科核心素养视为诸多要素的集合，应该将其视为一个关系体。语文学科核心素养作为一种学科能力，需要权衡、评估认知活动、认知任务、个体判断、外部情境等多方面的因素。在处理问题的过程中，这些因素互相融合，产生关系，语文学科核心素养便得以养成。

第二，单元教学设计要关注语文学科核心素养的生成性。语文学科核心素养作为运用语文知识、技能解决实际问题的能力，这一能力具有明确的参与性、行动性特征，这说明语文学科核心素养并非一个完成式的产品，而是处于不断的生成过程之中。在进行基于语文学科核心素养的单元教学设计时坚持素养综合性原则，关注语文学科核心素养是什么以及如何是，而不是其包含什么，这一视角更能体现语文学科核心素养的生成性以及防止语文学科核心素养培养目标的僵化。

二、基于语文学科核心素养的单元教学设计的基本步骤

单元教学设计的模式是什么样的，众多学者仍然在探索中，当前还没有一个统一的标准。单元设计一般遵循"ADDIE 模型"，即围绕分析（Analysis）、设计（Design）、开发（Development）、实施（Implement）、评价（Evaluation）而展开。这一观点，得到了众多学者的广泛认同。"分析"指的是分析学情、课标、教材和教学内容等教学要素，明确目标；"设计"即进行教材研究，编制教学内容的可视图；"开发"，即梳理教学流程、单元计划，做好践行教学设计的准备；"实施"，即根据已经形成的教案，进行课堂教学；"评价"，即测评学生的学习效果，对教师的教学进行反思。这五个阶段环环相扣，紧密联系。

（一）分析教学要素，确定单元教学目标

分析教学要素是单元教学设计取得成功的保障性工作，是设定单元教学目标的前提和依据。教学要素分析主要包括分析语文课标、语文教材、语文学情。

其一，分析语文课标。对语文课程标准进行分析是基于语文学科核心素养的单元教学设计的基础，教师通过研读课程标准，可以领悟课标对教学设计的总要求和对单元教学内容的具体要求，确定教学方向的正确性。

其二，分析语文教材。若说语文课标框定了教师教学的范围和方向，那么，教材就是学生通往这一方向的重要途径和载体。教师要通过对教材的分析，实现从"教教材"到"用教材"的转变。但是要明确的是，分析教材并不等同于简单地介绍学习内容，而是站在理解教材的高度，剖析所学文本在学科体系内处于何种地位，进而明确教学内容的特定功能，实现教授者与教材编写者的沟通对话。

其三，分析语文学情。新课标提出："教育要遵循学生身心发展规律，贴近学生的思想、学习和生活实际。"叶圣陶先生也在多年前曾经说过："教是为了不需要教，教是为了学生学。"这充分说明教学活动要以学生为中心而展开、分析学情的重要性。所以教师要联系学生已有的知识水平、学习动机、学习兴趣、生活经验和心理规律等分析学生的学情，全面深入地了解学生对即将学习的内容的掌握接受程度，从而强化学生的主体地位，增强学生的学习兴趣。

对以上内容进行分析后，可进一步厘清学生学习本单元应该掌握的核心知

识内容、正确的价值观念和关键能力，然后以语文学科核心素养的培养为突破口，设定本单元的学习目标。

（二）确定单元主题，构造单元逻辑结构

语文单元主题是贯穿整个单元教学的主线和中心，具有包容性和概括性，能够统摄整个单元的教学活动，基于语文学科核心素养的单元教学设计的重要环节就是确定单元主题。以"时代＋文体"的形式组织单元内容，着重强调语文要素，这样虽然使学科知识的完整性得以保证，但是会造成学生解决实际问题的能力的缺失，同时对文本产生距离感。以"人文主题＋语文学习任务群"双线组织单元，有利于培育学生的综合素养。因此，单元主题的确定要同时考虑到人文主题和知识内容，既强调人文素养，又注重语文要素，既突出了立德树人的育人目标，又不至于脱离文本空谈育人。教师要通过梳理课文内容，找到一个单元内课文所体现的共同精神内核，即人文主题，然后借助对教材知识内容的分析，提炼出能够统领本单元诸多语文要素的大观念，最终得到涵盖人文主题和大观念的单元主题。以人文主题和大观念构成的具有双重逻辑的单元主题，能够体现语文学科的人文性和工具性统一的本质特点，也为实现语文学科核心素养提供了清晰、明确且丰富的逻辑结构，有利于使后续的设计单元情境任务环节更好地开展。

（三）整合课程资源，丰富教学素材

基于语文学科核心素养的单元教学设计提倡树立"大语文教育"的课程资源观。"大语文教育"指的是以语文课堂教学为主线，把语文教育拓展延伸到学生生活的各方面领域，把学生的家庭生活、社会生活、学校生活和他们的语文学习有机结合起来。在大语文教育观的影响下，可以将课程资源分为基本课程资源和相关课程资源两部分。基本课程资源是指作为语文课程与教学内容主要载体的语文教材；相关课程资源是指与课程内容有关系的，能够对课堂教学起到辅助作用的其他课程资源，比如说课外阅读书籍、视频、音频等等。课程资源的整合和单元主题密切相关，基于语文学科核心素养的单元教学设计要在适切性原则的基础上，围绕单元主题选择具有实用价值、有利于支持学生自主学习的基础课程资源和相关课程资源，借助这些课程资源进一步丰富教学素材。

在课程资源的整合过程中，要把语文教材放在指导性地位，将其作为最重要的语文课程资源，其他课程资源都要围绕教材内容来选择、设计，并起着辅助性的作用。基本课程资源和相关课程资源的互相配合，使单元课程资源成为全方位、多元化、立体化的存在，有利于展现学习内容，顺利开展教学活动。

（四）创设情境任务，提供活动支架

创设情境任务是基于语文学科核心素养的单元教学设计的关键步骤，因为语文学科核心素养是在具体的表达与交流、阅读与鉴赏、梳理研究等语文学习实践活动中形成的，学生语文学科核心素养的表现程度也需要通过在真实情境中运用所学的知识并能完成任务来衡量。教师在创设情境任务时，首先要根据学生的生活经验创设一个统领整个流程的真实情境，然后根据单元学习目标、单元主题和真实情境设计一系列有层次、有关联、能够贯穿整个单元的学习任务，并以任务为纲要设计语文实践活动。

值得注意的是，基于语文学科核心素养的单元教学设计的情境创设，不同于以往的课堂情境导入。课堂情境导入是一种在新课开始之前的导入环节，只能发挥短暂性的作用，让学生进入课堂氛围，和后续的教学环节关系不大。而本研究所指的情境创设是指设计整个教学环节的大背景，注重延展性和完整性，有利于让学生在具体的情境中完成学习任务，驱动学生自主学习，培养语文学科核心素养。

（五）评价主体多元化，尊重学生主体地位

单元教学设计中必不可少的环节就是教学评价。在传统的教学观念中，教学评价的对象是教师的教和学生的学，但是新课程以全面提高学生的语文学科核心素养作为评价的最终目的。而且不同于以往的教学只关注形成性评价，基于语文学科核心素养的单元教学的评价把形成性评价和过程性评价相结合，既关注学生的学习过程，又关注学习结果。在关注学习过程方面，围绕阅读与鉴赏、表达与交流、梳理与探究等维度设计学习活动，在具体的语文任务情境和学习活动中，全面考查学生语文学科核心素养的发展情况，使活动的过程成为评价的过程；在关注学习结果维度，可以通过设计每个课时或者每个单元的作业，以作业的完成度来评估学生的学习效果。

同时教学评价要实现评价主体的多元化，鼓励教师、学生和家长参与评价。语文教师通过多方面多角度的反馈，了解学生不同侧面的发展情况，以便让评价结果公平公正，让学生能够正确认识自身的发展和语文学习的关系。虽然评价主体多元化，但是语文教师要在评价中发挥引导作用，为学生的自我评价提供有效的评价工具，比如说评价学习单，观察记录表和学生自评表等。

第三节 核心素养视角下中职语文单元整体教学设计策略

一、重构教学内容，优化教学设计

单元整体教学设计，以篇章式、任务式、递进式重构教学内容，突出学生主体，夯实学生基础，培养学生对单元课文内容的整体把握意识，增强自主学习、合作探究的能力。

（一）以篇章设计为思路，重构单元教学内容

拓展模块第一个单元（散文）教学内容包括五篇文章、口语表达与写作、语文综合实践活动（主题讨论会）。例如：《胡同文化》《废墟召唤》《过万重山漫想》《内蒙访古》《把栏杆拍遍》。如果按照传统的方法，就是先一篇一篇地教，然后写作，再进行专题讨论。改变了传统的教学设计的单元整体教学模式，不再一篇一篇地教，而是以重构、整合教学内容为思路，尝试单元整体构思，重构教学内容，将原来的教学体例整合为六个篇章，每个篇就为两个课时，一共十二个课时。

如此设计，既注重了语文基础知识，紧扣了语文素养，又注重了专业特色，层层递进，不断深化，以全新方式引导学生多角度学习，系统地掌握单元教学内容。

单元教学内容重构整合设计以篇章形式呈现，共分为六个部分，即文本篇、风景篇、人物篇、文化篇、精神篇、实践篇，知识点由易到难，由浅入深，构建梯度性知识体系，符合学生认知规律，便于学生从不同方面学习与探讨，从而获得更多新知识，培养学习能力。

（二）以学生参与为主体，建立师生双评机制

由于改变了教学设计，在教学过程中，尝试探索出一种适合篇章式设计的教学模式，每次课均按"导—探—赛—展"四步式教学步骤展开，注意调动学生自主学习的积极性，广泛开展小组探究、团队合作，突出学生的学习主体地位。以小组为单位，根据课文内容，结合专业特点，开展导游技能比拼、十佳导游评选、最佳讲解员比赛、快乐闯关等活动，将语文知识与专业技能有机结合起来，采取分组讨论、小组推优、班组展示、集体评优等形式，一步步将教学推向高潮，课堂气氛活跃。其中"赛"的环节，主要开展学生小组推优活动，基于旅游专业讲解员、导游员职业岗位，让学生扮演相应角色，讲解、闯关、竞赛，然后让全班学生参与评价，推选出优胜者，在教学中引入学生评价环节，检测学生知识当堂掌握情况。教学中通过过关检测、学生推优、单元测试、课堂点评等方式对学生学习情况进行评价。师生参与，多元评价，调动学生参与课堂的积极性，学生在参与学习和评价的过程中增强了自信心，获得了成就感。

（三）以人才培养为目标，落实立德树人根本任务

旅游专业人才培养方案规定了人才培养的规格为：面向旅游企业讲解员、导游员、旅游酒店服务员等一线岗位，培养与我国社会主义现代化相适应，德、智、体、美、劳全面发展，具有良好的职业道德、必要的科学文化与专业知识，从事景点（区）讲解、导游带团服务、酒店服务等工作的高素质劳动者和技术技能人才。旅游服务与管理的专业人才首先要有良好的品德与职业素养，才能更好地从事服务工作。教学应从岗位素质要求出发，培养学生爱岗敬业、服务大众、精益求精的精神与素养。这个单元五篇课文提到的旅游资源丰富，涉及圆明园、北京胡同、长江三峡、古长城、昭君墓、辛弃疾诗词的教学内容，挖掘其中关于历史文化、人文精神等方面的资源进行教学，可使语文学科与专业教学有机融合，共同促进。同时结合建党百年，教育学生牢记革命历史，主动担当历史使命，在讲解员、导游员岗位上做出自己的贡献，能有效地达到课程思政的效果。

二、突出学生主体，打造别样课堂

根据课程标准和单元教学需要，结合旅游服务与管理专业特点，突出学生

主体地位，引导学生积极参与课堂，培养学生学习探究能力，打造"导—探—赛—展"四步式课堂教学。通过六个篇章学习，让学生获得单元整体学习方法；通过提取历史、文化、人物、精神素材，让学生抓住学习重点；通过结合时代背景，让学生形成传承民族精神的自觉意识，破解教学难点；通过对接讲解员、导游员岗位，增强学生专业核心能力。四步式课堂教学突出学生主体，通过建设"传统课堂、活力课堂、互动课堂"，让每一个学生积极参与学习，培养文化素养，增强学习自信，形成关键能力。

（一）建设传统课堂，咬定目标夯基础

传统的语文课堂注重从听、说、读、写四个方面加强教学，旨在让学生巩固基础知识，培养语文素养，增强学习能力。在教学设计与教学过程中，注重基础知识，重视传统教学。"文本篇"重在字词句、语段、篇章、文学常识等语文基本知识，通过多种途径进行检测，打牢学生语文基础知识的底子；"风景篇"重在引导学生诵读，领略课文描写的祖国大好河山，获得美的感受，增强民族自豪感；"人物篇"重在分析人物特点，赏析人物的崇高思想和蕴含的精神内核，给学生树立学习的榜样；"文化篇""精神篇"重在引导学生开展探究实践活动，挖掘中华文化和民族精神的积极元素，让学生得到教育与熏陶；"实践篇"则以讨论会形式，让学生从讲解员角度讲好中国故事，传承历史，弘扬民族精神。每一个篇章的教学都注重夯实学生语文基础知识，提高学生听、说、读、写的能力，使学生受到思想教育。

（二）打造生动课堂，突出主体获新知

每堂课均采取"导—探—赛—展"四步式组织教学，让学生参与课堂，获得新知。一是以"导"求"新"，每节课或以问题导入，或以讨论导入，或以点评导入，或以视频导入。新课导入形式多样新颖，激发了学生的学习兴趣。二是以"探"求"真"，课堂上开展小组合作探究，布置具体学习任务，让每个学生的头脑都"动"起来，不当旁观者，积极参与到课堂学习活动中来。三是以"赛"求"精"，教学过程中精心设计了优秀闯关手、十佳导游员、最佳讲解员等活动，小组推荐表现优秀者到全体学生中比一比、赛一赛，学生当评委，积极性高，课堂气氛活跃。四是以"展"求"美"，课后专栏展示学生评出的

优秀讲解词、优秀作文等，使学生在课后欣赏最好的、最优的作品，教学效果得到持续拓展。

（三）创设互动课堂，对接岗位练技能

根据教学内容，六个篇章分别设计了看图说景、知识过关、讲解员评先等活动，学生通过内化篇章内容，对接岗位，获得练习机会。全班学生参与评价，教师点评，师生互动，思想与情感双向交流，课堂生动又活跃。如在"传承历史，担当使命"专题讨论中，要求学生课前通过网络、报刊、书籍找到一个自己喜爱的中国红色故事进行加工整理，并在课堂上模拟讲解员进行讲解，再由全班学生参与，评出最佳讲解员。这样既拓展了学生的知识面，又培养了学生说与写的能力，同时也训练了学生的专业能力，让学生从红色故事中受到教育和影响。

三、关注学生发展，培养核心素养

语文学科的基础性和工具性决定了语文教学的任务是既要打牢学生知识基础、发展学生思维，又要关注学生未来发展、提高学生关键能力，同时还要培养学生传承文化与精神的责任意识。

（一）夯实基础，培养语言运用能力

六个篇章从基础知识学习开始，分别有字词理解过关、基础知识巩固、文学常识识记、课文阅读与赏析，教学活动设置有知识闯关、读写练习、岗位实战、专题讨论，引导学生围绕文本，由浅入深，层层递进地理解。每个篇章注重语文基础，紧扣文本，加强对学生的语言理解与运用能力培养。在每个篇章的教学中均设计了课堂检测环节，同时还设置有单元基础知识检测，通过当堂检测和单元检测，了解学生对知识的掌握情况，从而及时调整教学，针对学生学习实际，强化其对语文知识的理解与运用能力。

（二）发展思维，培养审美鉴赏能力

五篇文章均有丰富的文化内涵和精神内核。在教师的引导下，学生欣赏到了北京的独特胡同、圆明园的精美建筑、内蒙古的自然风光、长江三峡的壮观景致以及辛弃疾的爱国情怀，感受到了祖国的自然之美和民族的精神之美。师生就胡同文化中的"忍"、圆明园是否重修、牺牲在探索路上的"第一人"是

否值得、辛弃疾的精神在新时代如何继承发扬等问题展开讨论，引导学生思考、鉴赏，让其感受中华传统文化之美，发现民族精神中的闪光点，培养了学生的鉴赏与思辨能力。

（三）传承文化，培养使命担当意识

在教学设计中挖掘出了本单元课文中的文化与精神元素。如圆明园被外敌焚毁，学生认识到"只有国家强大，才不会被欺侮"的道理，这是爱国主义教育的典型教材；从昭君和亲的义举中，学生看到了一个为民族和解而牺牲个人的民族女英雄形象，这是民族精神的传承；从中国历史长河中很多个"第一人"，学生看到了先辈们敢为人先的开创精神，这是奋斗精神的延续；从辛弃疾的诗词里，学生读懂了一位在旧社会报国无门、壮志难酬的爱国主义诗人的苦闷和悲愤，这是爱国主义教育的例证。结合中国共产党建党百年契机，引导学生了解积弱积贫的旧中国的苦难，了解先辈们为了中华民族的解放如何生命不息、战斗不止，教育学生勿忘历史，担当使命，在今后的岗位上自觉参与到现代化建设新征程中去。

参考文献

[1] 杜江，蔡本清，周剑芸. 中职应用文写作 [M]. 重庆：重庆出版社，2018.

[2] 李玉红，陈晓玲，王芬. 语文阅读与写作教学研究 [M]. 沈阳：辽海出版社，2018.

[3] 左美霞. 中职语文教学与 OBE 模式的融合 [M]. 延吉：延边大学出版社，2019.

[4] 夏文贵. 中职语文课堂教学艺术 [M]. 北京：团结出版社，2019.

[5] 马勇，冯大财，卢向天. 语文课堂说写能力的发展 [M]. 长春：吉林人民出版社，2019.

[6] 周睿玫. 中职语文 [M]. 南昌：江西高校出版社，2019.

[7] 柳胜辉. 中职学校技能高考语文训练习题集 [M]. 北京：中国财政经济出版社，2019.

[8] 许娜，娄敬捧，张建国. 中职语文知识点复习指导 [M]. 北京：北京理工大学出版社，2019.

[9] 郭红英，王茜，张琰. 中职语文 [M]. 天津：天津科学技术出版社，2020.

[10] 陈文，钟艳，杨娅. 语文 [M]. 长春：东北师范大学出版社，2020.

[11] 吕子微，于忠生. 中职语文教学解析 [M]. 长春：吉林大学出版社，2017.

[12] 周爱华. 中职语文教学创新 [M]. 北京：团结出版社，2017.

[13] 马小平，王艳，王旭德. 中职语文教学研究 [M]. 延吉：延边大学出版社，2017.

[14] 郭静. 中职语文课堂有效教学研究及思考 [M]. 济南：山东文艺出版社，2017.

[15] 李颖 . 中职语文有效性课堂教学策略研究 [M]. 北京：北京工业大学出版社，2017.

[16] 刘国锋 . 中职精品课程建设研究 [M]. 青岛：中国海洋大学出版社，2017.

[17] 刘彦 . 中职语文单元测试卷 [M]. 长沙：湖南科学技术出版社，2017.

[18] 庞健，刘玮 . 语文 [M]. 上海：同济大学出版社，2017.

[19] 江文龙 . 中职语文教学改革与实践 [M]. 长春：吉林人民出版社，2018.

[20] 张玉菲 . 中职语文教学的文化传承与创新 [M]. 长春：吉林人民出版社，2018.

[21] 高居红 . 中职语文教学改革成果集锦 [M]. 西安：西安地图出版社，2018.

[22] 李颖 . 民族地区中职语文教学研究 [M]. 成都：四川民族出版社，2018.

[23] 高居红 . 中职语文创新教学设计研究与实践 [M]. 西安：西安地图出版社，2018.

[24] 许娜，霍延会 . 语文导学拓展模块 [M]. 北京：北京理工大学出版社，2018.

[25] 邱世堂，蒋冠杏，王宇 . 中职语文 [M]. 延吉：延边大学出版社，2018.

[26] 郭小兵，卢世勇，刘松 . 中职语文 [M]. 杭州：浙江工商大学出版社，2018.

[27] 王玉景 . 语文 [M]. 上海：华东师范大学出版社，2018.

[28] 王健，周晶，承梦姣 . 传统文化与中职语文教育的有效融合 [M]. 长春：吉林大学出版社，2018.